이야기로 배우는 경제 습관
어린이 돈 스터디

어린이 돈 스터디

초판 1쇄 펴낸날 2022년 2월 14일 | **초판 2쇄 펴낸날** 2023년 5월 10일

글 서지원 | **그림** 조에스더
편집장 한해숙 | **기획편집** 신경아 | **디자인** 최성수 이이환
마케팅 박영준 한지훈 | **홍보** 정보영 박소현 | **경영지원** 김효순
펴낸이 조은희 | **펴낸곳** ㈜한솔수북 | **출판등록** 제2013-000276호 | **주소** 03996 서울시 마포구 월드컵로 96 영훈빌딩 5층
전화 02-2001-5822(편집), 02-2001-5828(영업) | **전송** 0303-3440-0108 | **전자우편** isoobook@eduhansol.co.kr
블로그 blog.naver.com/hsoobook | **인스타그램** soobook2 | **페이스북** soobook2
ISBN 979-11-7028-938-8 73300
어린이제품안전특별법에 의한 제품 표시
품명 도서 | **사용연령** 만 9세 이상 | **제조국** 대한민국 | **제조자명** ㈜한솔수북 | **제조년월** 2023년 5월

ⓒ 2022 서지원 조에스더
※ 저작권법으로 보호받는 저작물이므로 저작권자의 서면 동의 없이 다른 곳에 옮겨 싣거나 베껴 쓸 수 없으며 전산장치에 저장할 수 없습니다.
※ 값은 뒤표지에 있습니다.

큐알 코드를 찍어서
독자 참여 신청을 하시면
선물을 보내 드립니다.

한솔수북
한솔수북의 모든 책은
아이의 눈, 엄마의 마음으로 만듭니다.

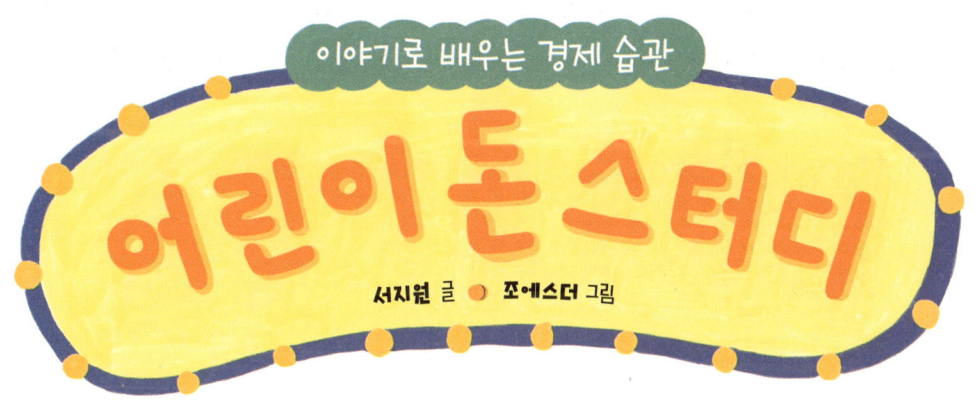

이야기로 배우는 경제 습관

어린이 돈 스터디

서지원 글 ● 조에스더 그림

머리말

　사람이 세상을 살아가려면 돈은 반드시 필요합니다. 깊은 산속에서 자급자족하며 혼자 살지 않는다면 말이죠. 물을 마시고 밥을 먹고 숨을 쉬어야 하듯 이제 돈은 사람의 생존에 있어서 필수적인 것이 되었어요.

　또 사람이 세상을 살아가려면 꼭 필요한 능력들이 있어요. 글을 읽는 능력, 계산하는 능력, 표현하거나 소통하는 능력 같은 것이지요. 여기에 한 가지 더 필요한 능력이 돈을 벌고 관리하는 능력이에요. 경제 능력은 우리가 꿈을 이루고, 행복하고, 만족스럽게 사는 데 꼭 필요한 능력이에요. 경제 능력이 없으면 우리가 바라는 것들을 실현하는 데 많은 어려움이 있기 때문이죠. 그런데 경제 능력은 학교에서 제대로 가르쳐 주지 않아요. 나이가 어리니까 아직은 배울 필요가 없다고요? 하지만 여섯 살 버릇이 여든까지 간다고, 어릴 적의 바른 경제 습관이 어른이 될 때까지 이어진다면요?

　돈을 모르는 사람은 없지만, 돈을 정확하게 잘 아는 사람은 많지 않아요. 어렸을 때 경제 능력을 키우지 못해 어른이 되어서도 어려움에 처하는 사람들도 많답니다.

　글을 모르는 사람을 '문맹'이라고 부르듯이 돈을 잘 모르는 사람은 '금융맹'이라고 해요. 문맹보다 무서운 것이 금융맹이라고 미국 연방 준비 위원장이었던 앨런 그린스펀도 자주 말하곤 했지요.
　전문가들은 우리나라의 금융맹율이 아주 높은 편이라고 해요. 나는 학교에서 수학, 과학, 영어를 가르치는 수준의 절반만이라도 돈(금융)에 대해 가르쳐야 한다고 늘 주장하곤 해요. 그렇다면 우리나라의 금융맹율은 지금처럼 낮지는 않을 것이며, 돈 때문에 고생하거나 재산을 허투루 다 써 버리는 위험도 줄어들 거예요.
　여러분, 돈은 왜 버는 걸까요? '돈은 무조건 많으면 좋은 것이다.'라고 막연하게 생각해서는 안 돼요. 돈은 목적이 될 수가 없어요. 돈은 꿈을 이루기 위한 수단이에요. 돈이 꿈 그 자체가 되어서는 안 돼요.
　꿈을 이루기 위해서는 얼마만큼의 돈이 필요할까요? 그리고 그 꿈을 이루는 데 필요한 돈을 어떻게 마련해야 할까요? 우리가 '돈 스터디'를 하는 이유는 바로 이것입니다. 이 책을 통해 돈의 노예가 아니라, 돈의 지배자가 되는 첫발을 내딛길 바랍니다.

　　　　　　　　　　　　　　　　　　　　　　　　서지원

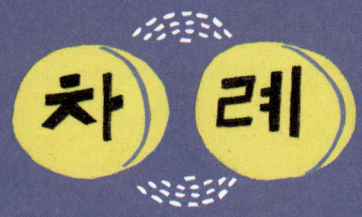

차례

머리말 4

첫 번째 부자 수업

왜 돈이 필요할까요?

돈이란 무엇일까요? 14
조개껍데기가 돈이라고요? 22
은행은 누가 처음 만들었을까요? 28
신용 카드와 디지털 화폐 34

두 번째 부자 수업

돈 관리를 어떻게 해야 할까요?

내 용돈이 다 어디로 갔을까요? 42

합리적인 소비가 뭘까요? 48

왜 충동구매를 할까요? 54

돈 관리의 기본은 가계부 60

종잣돈이 뭐죠? 66

세 번째 부자 수업

부자가 되는 비결이 뭘까요?

일 안 할 거면 먹지도 말라 77

직업을 꼭 가져야만 할까요? 82

정보가 돈이 될까요? 88

돈을 많이 버는 미래 직업이 있을까요? 94

네 번째 부자 수업

돈이 저절로 불어난다고요?

이자를 알면 부자가 될 수 있다고요? 102
환율 때문에 돈의 가치가 떨어진다고요? 108
은행에 저축한 돈도 위험할 수 있어요? 114
내 용돈 빼고 왜 다 오르는 기분일까요? 120

다섯 번째 부자 수업

투자는 어떻게 할까요?

저축과 투자는 어떻게 다를까요? 128

투자와 투기는 무엇이 다를까요? 134

주식으로 돈을 불릴 수 있나요? 140

펀드 투자는 어떻게 할까요? 146

가상 화폐란 무엇일까요? 153

마지막 부자 수업

돈과 행복의 관계

아빠는 왜 돈을 벌까요? 160

돈이 많으면 정말 행복할까요? 166

등장인물

다림이

게임도 하고 싶고 떡볶이도 사 먹고 싶은데 용돈이 다 어디로 갔는지 궁금하다.

삼촌

돈 많은 백수가 꿈. 최근 취직했지만 돈 관리를 못해 지갑이 맨날 텅텅 비어 슬프다.

첫 번째 부자 수업

왜 돈이 필요할까요?

돈이란 무엇일까요?

삼촌이 웬일로 거울 앞에 서서 멋을 내고 있었어요.

다림이는 무슨 일인가 하고 두 눈을 휘둥그레 떴지요. 그도 그럴 것이 삼촌은 동네에서 소문난 '집돌이'이자, 아무것도 하는 일 없이 노는 '백수'거든요.

삼촌은 군대를 제대한 뒤로 몇 달째 아무것도 하지 않고 집에서 뒹굴뒹굴하기만 했어요. 그런 삼촌이 어디를 가려는 걸까요?

"유후! 나를 위한 아주 기가 막힌 곳이 있단다."

"거기가 어딘데?"

"전시회장!"

다림이는 '에이!' 하며 입을 삐죽 내밀었어요. 삼촌과 우아한 전시회는 어쩐지 어울리지 않았으니까요.

"정말이라니까? 나한테 딱인 전시회장에 갈 거야."

삼촌이 가려는 곳은 '돈 많은 백수가 되고 싶은 사람들을 위한 전시회'라고 했어요.

"세상에 그런 전시회가 있어?"

"그래, 집에서 편하게 놀면서도 남들 못지않게 알차고 유익하게 시간을 보낼 수 있는 아이템들을 전시해 놨대."

삼촌은 서둘러야겠다며 집을 나섰어요.

"삼촌, 잠깐! 나도 데려가!"

다림이는 삼촌이 말한 전시회가 어떤 곳인지 궁금해서 무작정 따라나섰어요. 삼촌도 혼자보다는 둘이 가는 게 낫겠다며 흔쾌히 다림이를 데려갔어요.

전시회장 안으로 들어서자 정말 입이 떡 벌어지게 희한하고 신기한 아이템들이 여기저기 가득했어요.

"20시간을 누워 있어도 허리가 아프지 않은 이불과 매트? 헉, 저기에는 책상에서 게임하며 밥 먹기 딱 좋은 식판도 있고. 세상에! 저기에는 온종일 시간 때우기 좋은 놀이 용품들도 있네!"

전시회에 온 사람들의 눈이 반짝반짝 빛났어요.

'삼촌처럼 집에 틀어박혀 놀기 좋아하는 사람들이 이렇게나 많다니!'

다림이는 그 어느 때보다 활기차게 움직이는 삼촌을 따라다니며 이렇게 생각했어요.

"봤지? 이 세상에는 나처럼 백수가 되고 싶은 사람들이 많아."

"음, 그나저나 여기 있는 아이템들을 다 사려면 돈이 엄청 많아야 할 것 같은데? 삼촌은 백수긴 하지만 돈 많은 백수는 아니잖아."

"음…… 그, 그렇긴 하지."

다림이의 말을 들은 삼촌은 난감한 표정을 지었답니다.

매일 매일 백수가 되고 싶음

잠이 솔솔 전문백수안경
- 베개 포함
- 졸린 척 안경
- 수면 음악 안경
- 비오는 안경

시간을 더 느리게 가게 하는 백수용품
- 느린낚시
- 걸음느린양말
- 느린칫솔

백수 주방
설거지 줄이는 주방 도구

BOOK 하루가 짧아서 싫다

무표정이 나오지 않아요!

멋쟁이 백수트레이닝복

와, 나도 돈 많은 백수가 한번 돼 봤으면 좋겠다!

조그만 녀석이 벌써 백수가 될 생각을 하다니! 네 나이 때는 미래에 무슨 일을 할지, 어떤 꿈을 가질지를 고민해야지!

일을 하면 힘들잖아요. 아침부터 밤늦도록 힘들게 일하는 개미보다는 자기가 하고 싶은 일을 하면서 노는 베짱이가 더 부러워요. 저도 베짱이가 되고 싶어요. 기왕이면 부자 베짱이!

요즘 애들은 왜 아무것도 하지 않으면서 부자가 되려고만 하는 건지, 원!

아무리 열심히 일해도 돈을 모으기 힘드니까 그런 거죠. 이모가 그러는데, 월급은 그저 통장을 스치고 지나가는 거래요. 그리고 일도 지난달에 쓴 카드 값을 벌기 위해 하는 거라던데요?

에휴, 네 이모도 참! 다림아, 직업은 그저 돈을 벌기 위한 수단이 아니야. 자신을 좀 더 멋지게 만들고 꿈을 이루어 주는 게 직업이란다.

저는 멋진 것보다 그저 돈 많은 백수가 되고 싶을 뿐이에요.

아들아, 이런 말이 있단다. 일하지 않은 자는 먹지도 말라. 마찬가지야. 아무것도 하지 않고 빈둥빈둥 노는 백수는 돈을 가질 자격이 없어. 돈은 노동의 가치이기도 하니까.

노동의 가치라고요?

땀을 흘려야 돈을 가질 수 있다는 말이지.

일도 하지 않고 돈만 바라면 안 된다는 말이에요?

그럼! 돈은 내가 갖고 싶은 것을 얻기 위해 지급해야 하는 수단이야. 한마디로 공짜는 없단 말씀! 돈이 생기기 전에는 물물교환을 했잖아. 그 이치와 같아. 달걀 한 판을 쌀 한 말과 바꾸는 식이지.

그럼 싸움이 벌어질 것 같은데요. 달걀 한 판을 어느 때는 쌀과 바꾸고 어느 때는 호박과 바꿀 수 있는데, 저마다 생각하는 가치가 같을까요?

맞아. 그래서 시장만 갔다 오면 집집마다 싸움이 끊이지 않았지. 어떤 사람은 자기가 가진 물건을 더 좋은 물건과 바꾸기 위해서 하루 종일 시장을 돌아다녔을 테고. 그렇게 사람들의 불만이 점점 쌓여 갈 때 등장한 것이 '돈'이야.

 아하, 돈이 그렇게 생겨난 거로군요!

 돈이 생긴 덕분에 매번 바뀌는 물건의 가치가 일정하게 유지될 수 있었지. 생각해 봐. 생선 한 마리 값을 호박 두 개나 달걀 한 꾸러미로 표현하는 것보다 1,000원으로 표현하는 게 훨씬 편리할 거 같잖아.

 음, 돈이 물건의 가치를 매기는 수단이 된 건가요?

 맞아. 그러니까 네가 이유 없이 그냥 돈이 많았으면 좋겠다고 생각하는 것도 말이 안 돼. 돈을 벌려면 그만큼 일을 해야 해. 그 대가로 돈을 받는 거니까.

 음, 그러니까 아빠 말은 돈을 많이 갖고 싶으면 열심히 일하고, 가난해도 좋다면 백수가 되라는 뜻이죠?

 빙고!

전시회장에서 나온 삼촌은 표정이 매우 싱숭생숭해 보였어요. 다림이는 슬그머니 삼촌의 손을 잡으며 물었지요.

"삼촌, 아까부터 표정이 왜 그래? 무슨 걱정이라도 있어?"

"전시회장에 있는 아이템들을 다 사고 싶어. 그런데 난 돈이 한 푼도 없으니……!"

길을 걸어가던 삼촌은 무언가 결심한 듯 주먹을 꼭 쥐었어요.

"그래, 결심했어! 이제부터 열심히 일해서 돈을 모을 테다!"

빈둥빈둥 노는 게 최고라고 외치던 삼촌한테는 놀라운 변화였어요.

"난 반드시 저 아이템들을 다 살 거야!"

그렇게 목표가 생긴 삼촌은 열심히 직장을 알아보기 시작했답니다.

돈의 기능

- **교환 수단으로서의 기능**: 돈은 상품이나 서비스를 교환할 때의 지불 수단으로 쓰여요.
- **가치 척도의 기능**: 돈은 상품의 경제적 가치를 돈으로 표시하고, 계산과 회계를 하는 단위로 사용해요.
- **가치 저장 기능**: 돈은 가치를 보관 및 저장하는 역할을 해요.

조개껍데기가 돈이라고요?

꿀꺽!

다림이의 입에서 군침이 넘어갔어요. 집에 가는 길에 민지랑 성찬이가 학교 앞 분식집에서 '김떡순'을 먹고 있는 걸 발견한 거예요.

"하, 한 입만!"

다림이가 분식집 안으로 냉큼 들어가 말했지요. 하지만 민지랑 성찬이는 고개를 휙 돌린 채 자기들끼리 냠냠냠 떡볶이를 먹었어요.

"치사한 것들!"

다림이가 주먹을 움켜쥐며 두 눈으로 찌리릿 레이저를 쏘았어요. 그러자 민지랑 성찬이가 콧방귀를 뀌며 말했지요.

"흥, 다림이 넌 지난번에도 한 입만 먹겠다고 하고서 내 떡볶이를 호로록 마셔 버렸잖아!"

"그전에는 어땠고! 나한테 아이스크림 한 입만 달라고 하고서는 홀랑 다 먹어 버렸잖아!"

"겨우 그런 거로 우리 우정을 버릴 셈이야?"

다림이는 몹시 불쌍한 표정을 지었어요.

"그럼 너도 사 먹어."

"난 용돈을 다 써 버렸단 말이야."

그러자 민지가 다림이에게 1,000원을 빌려주겠다고 했지요. 다림이는 앞뒤 생각할 겨를도 없이 그 돈을 홱 낚아챘어요. 그러고는 얼른 떡볶이를 1,000원어치 시켰답니다.

"돈은 내일까지 갚도록 해!"

"내, 내일?"

민지의 말에 다림이는 떡볶이를 먹다 말고 움찔했어요. 용돈을 받으려면 앞으로 일주일은 더 기다려야 했기 때문이지요.

그날 저녁 다림이는 고민 끝에 냉장고 속에 있는 재료들을 이용해 직접 떡볶이를 만들기로 했어요. 빌린 돈을 갚는 대신 직접 만든 떡볶이로 갚는 수밖에 없다고 생각했거든요.

다림이의 행복한 돈 스터디

옛날에는 조개껍데기나 콩을 돈 대신 사용했다면서요?
물건을 사고팔 때도 조개껍데기나 콩을 사용했을까요?

당연하지. 조개껍데기나 콩을 돈처럼 사용해서 물고기 한 마리는 조개껍데기 세 개, 토끼는 콩 한 자루, 이런 식으로 맞바꾸었대.

고대 사회의 조개 화폐

맞아. 역사적으로 돈은 여러 가지 형태로 발전해 왔단다. 5,000여 년 전 메소포타미아에서는 금속 조각으로 곡식과 고기를 바꿀 수 있었대. 사람들은 그것을 돈이라 부르지는 않았지만, 원하는 물건과 교환할 수 있는 중요한 수단으로 생각했지.

우아, 5,000년 전부터 사람들이 경제 활동을 했던 거로군요?

정확히 말하면 훨씬 이전부터였지. 메소포타미아 이전에도 물건과 교환할 수 있는 여러 가지 수단이 있었거든. 처음에는 볍씨나 독특하게 생긴 조가비와 곡식, 고기를 이용했고 동물 뼈와 물고기를 이용하기도 했지.

나도 향신료, 소금, 커피, 담배 같은 것들이 돈처럼 쓰였다는 얘기를 들은 적이 있어. 콜럼버스가 아메리카 대륙을 발견한 것도 돈처럼 쓰이는 향신료를 찾으러 떠난 덕분이라잖아.

그런데 내 생각에 조개껍데기를 화폐로 쓰는 건 좀 위험한 것 같아. 나라면 하루 종일 바닷가에서 조개껍데기를 주워서 사고 싶은 건 다 샀을 거야.

아무 조개껍데기나 되지는 않았지. 모양이 독특하고 튼튼한 조개껍데기를 정했을 거야. 문제는 돈 대신 사용되던 볍씨나 조개껍데기, 소금 등은 오래 보관할 수 없었다는 거야. 시간이 지나면 까맣게 변하거나 사용할 수 없게 변해 버려 저장 가치가 떨어졌거든.

그래서 화폐가 생겨난 거로군요?

세계 최초의 동전인 리디아 화폐

세계 최초의 동전은 고대 그리스·로마 시대에 만들어졌다고 해. 고대 국가 리디아에서 만든 이 동전은 금과 은이 섞인 호박금으로 만들어졌는데, 동전 위에는 사자 머리가 그려져 있었대.

누가 맨 처음에 만든 건지는 몰라도 머리가 무척 좋네요!

그렇지. 그 후 그리스 도시국가들도 리디아의 동전을 본떠 동전을 만들기 시작했대. 도시국가에는 화폐 주조소가 만들어졌고, 국가마다 다른 모양과 재질로 동전을 만들었지. 동전에는 황제나 여왕의 얼굴이 새겨졌고, 글자도 집어넣었어. 참, 그리스 도시국가에 동전이 유행하기 전에 중국에서도 금속 조각으로 만들어진 화폐가 등장했단다.

그런데 요즘 사람들은 동전보단 지폐를 훨씬 많이 쓰잖아요. 동전은 많이 갖고 다니기 불편하고 무거우니까.

그렇지. 무엇보다 금이나 은처럼 귀한 금속은 그것 자체로 값어치가 높은 물건이어서 언제나 도둑맞을 위험이 많았어. 그래서 무역을 하거나 장사를 하는 상인들은 좀 더 가볍고 들고 다니기 편하며, 보관하기도 쉬운 화폐가 필요했던 거지.

 그래서 만들어진 게 지폐였군요!

세계에서 가장 먼저 지폐가 사용되었던 곳은 중국이래!

중국 상인들은 무거운 화폐 대신 '이만큼의 돈이 있다'라는 증명서를 들고 다녔는데 그게 인류의 첫 번째 종이 화폐였던 셈이지.

"자! 빌린 돈이야."

다림이는 민지 앞에 불어터진 떡볶이를 내밀었어요. 간밤에 만들어 두었더니 떡이 퉁퉁 불어서 치즈처럼 넓적해지고 말았지요.

"이게 뭐야?"

"어제 너에게 빌린 돈으로 사 먹은 게 떡볶이였잖아. 내가 돈을 갚을 수가 없어서 이렇게 떡볶이로 대신 갚으려고."

다림이는 민지에게 떡볶이를 받아 달라고 부탁했어요. 민지는 한숨을 폭 내쉬며 떡볶이 한 개를 집어 먹어 보았어요.

"어때?"

"우엑!"

다림이가 만들어 온 떡볶이는 최악이었어요.

은행은 누가 처음 만들었을까요?

다림이네 가족은 오랜만에 집 대청소를 하기로 했어요.

아빠는 거실을 쓸고 닦고, 엄마는 옷장 정리를 맡았지요. 삼촌은 쓰레기 버리는 일을 맡았어요.

"엄마, 난 뭘 하면 좋을까?"

"네가 보기에 지저분해 보이는 것들을 닦아 줘."

다림이는 걸레를 집었어요. 그리고 텔레비전 위에 앉은 먼지도 닦아 내고 서랍장 위도 닦았지요.

그러다 문득 다림이는 가족사진에 눈이 갔어요.

가족사진을 걸어 둔 액자가 지저분해 보였던 거예요.

"저길 닦아야겠다!"

다림이는 걸레를 들고 액자를 닦기 시작했어요. 그런데 무언가 바닥에 툭 떨어지지 뭐예요. 그것은 구깃구깃 접혀 있는 지폐들이었어요. 5만 원짜리도 있고 만 원짜리도 있었어요.

"허억! 이게 대체 무슨 돈이지?"

다림이가 주변을 두리번거리는데 아빠가 뜨악한 표정으로 후다닥 달려왔어요.

"다, 다림아, 그 돈 이리 줘. 그건 아빠 거야."

"그걸 어떻게 증명해요?"

"증명하다니? 아빠가 숨겨 둔 거니까 아빠 거라고!"

"그러니까 여기다 왜 돈을 숨겨 둔 거냐고요. 아빠는 어른이니까 은행에다 돈을 맡길 수 있잖아요."

그때 옷장 정리를 하던 엄마가 고개를 삐죽 내밀었어요. 아빠는 얼른 다림이에게 '쉿!' 하는 시늉을 했지요.

"은행에 맡기면 네 엄마한테 들킨단 말이야."

"저한테는 세뱃돈을 잃어버리지 않게 은행에 저금하라고 하고선!"

다림이가 대꾸할 때였어요. 수상한 낌새를 눈치챈 엄마가 성큼성큼 다가왔어요.

은행의 기능

- **화폐 대차**: 돈을 대신 빌려주는 역할을 해요. 돈을 맡긴 사람에게는 돈을 빌린 사람에게 받은 이자의 일부를 돌려주지요.
- **화폐의 지급**: 사람들이 직접 돈 거래를 하지 않고, 은행을 통해 송금을 할 수 있어요.
- **신용 창조**: 은행에 돈을 맡기는 예금과 돈을 빌려주는 대출을 통해 돈을 더욱 늘릴 수 있어요.

다림이의 행복한 돈 스터디

우리나라에는 은행이 참 많은 것 같아요.
골목마다 은행이 하나씩 있는 것 같다니까요.

사람마다 주로 거래하는 은행이 다르고, 은행이 멀리 있으면 돈을 맡기러 가기 힘드니까 그렇겠지?

은행은 돈을 맡기기도 하고, 돈을 빌릴 수도 있는 곳이잖아요. 그런데 사람들은 어떻게 은행이란 걸 생각해 냈을까요?

은행을 가장 먼저 만든 사람은 금 세공업자들이었대. 유럽에서는 금이 오랫동안 돈 역할을 대신해 왔거든. 금은 변하지 않고 썩지도 않아 안전했지만 한 가지 단점이 있었지.

금이 가진 단점이 대체 뭔데요?

무거운 것이 큰 단점이었지. 무엇보다 금을 안전하게 갖고 있기가 쉽지 않았어. 그런데 금 세공업자들의 집에는 크고 튼튼한 금고가 많았어. 사람들은 집에 금화를 두기가 불안해지면 금 세공업자의 금고에 갖다 맡기곤 했지.

금을 맡은 적이 없다고 딱 잡아떼면 어떡하려고요?

보관증을 썼어. 그리고 금 세공업자에게 금을 맡기는 사람이 늘면서, 보관증을 돈처럼 쓰는 사람이 생겨났지. 은행은 바로 여기서 시작된 거지.

 그런데 금 세공업자들은 그저 금고를 빌려주기만 했나요? 매번 찾아와서 금을 보여 달라는 사람도 있었을 테고, 수시로 금을 가져가는 사람도 있으면 엄청 귀찮았을 텐데!

그래서 생각해 낸 또 다른 돈벌이가 바로 금고 안에 들어 있는 다른 사람의 금을 빌려주고 이자를 받는 것이었단다. 덕분에 금 세공업자들은 남의 금으로 큰 부자가 될 수 있었지.

아하, 지금의 은행 이자가 이렇게 생겨난 거로군요?

이탈리아에서는 상업이 발달하면서 유명 가문들이 은행업에 진출하기 시작했어. 레오나르도 다빈치를 후원한 것으로 유명한 메디치 가문도 은행을 만들었는데, 유럽에서 가장 믿을 만한 은행으로 유명했지. 지금의 은행을 뜻하는 'Bank'라는 말은 이탈리아 금융업자들이 사용하던 탁자 '반카(banka)'에서 유래한 말이란다.

 은행의 역사도 흥미진진하네요.

"무슨 얘기를 그렇게 소곤소곤하는 거예요?"

엄마가 다림이와 아빠를 보며 물었어요. 아빠는 당황한 듯 말을 잇지 못했지요.

"내가 아빠한테 청소를 깨끗하게 하고 나면 상으로 장난감을 사 달라고 했어요."

"안 돼! 얼마 전에도 하나 샀잖아."

엄마는 절대 안 된다고 으름장을 놓고 떠났어요. 엄마가 사라지자 다림이는 아빠에게 소곤소곤 말했어요.

"아빠, 제가 아빠의 돈을 지켜 주는 은행이라 생각하고 이제부터 저에게 보관료를 주세요!"

다림이의 맹랑한 말에 아빠는 아무 말도 못 했어요. 엄마한테 비상금을 들키지 않으려면 당분간 다림이와 동맹을 맺긴 해야 할 테니까요.

신용 카드와 디지털 화폐

"짠~!"

민지가 엄마한테 받은 것이라며 신용 카드를 보여 줬어요.

민지네 집은 부모님이 맞벌이를 해서 밥이나 간식을 제때 챙겨 주는 게 힘들다고 해요. 그래서 민지에게 돈 대신 신용 카드를 쓰라고 주었다지 뭐예요.

"이걸로 뭐든 사 먹을 수 있어?"

"당연하지."

"피자, 치킨, 햄버거, 떡볶이도?"

"이것만 있으면 어디든 갈 수 있고 뭐든 살 수 있어. 한마디로 마법의 카드 같은 거지."

민지는 카드를 받은 기념으로 친구들에게 편의점에서 과자를 사 주겠다고 했어요.

다림이와 아이들은 민지를 쫓아 우르르 편의점으로 들어갔지요.

"자, 이제 먹고 싶은 걸 골라 봐."

민지의 말이 떨어지기 무섭게 아이들은 젤리나 사탕, 과자 같은 것을 골랐어요. 민지는 그것들을 계산대에 올려놓은 다음 당당하게 신용 카

드를 내밀었지요.

"아저씨, 이걸로 전부 다 계산해 주세요."

'띠리릭' 소리와 함께 결제가 끝났어요. 민지는 신용 카드를 받아 작은 지갑에다 꽂아 넣은 뒤, 어깨를 으쓱하며 밖으로 나갔지요.

"어쩐지 멋있다!"

"나도 엄마한테 신용 카드를 달라고 할까?"

아이들은 그런 민지의 모습을 부럽게 바라보았어요.

그날 오후, 다림이도 집으로 달려가 엄마한테 용돈 대신 신용 카드를 달라고 졸랐지요.

"엄마, 나도 신용 카드가 있으면 좋겠어! 민지 엄마도 민지한테 신용 카드를 만들어 줬대."

"안 돼, 아직 돈도 제대로 관리 못 하는 애들이 신용 카드를 갖는다는 건 말도 안 돼."

엄마는 딱 잘라 말했어요.

요즘 애들은 '엄카', '아카'라고 해서 엄마의 신용 카드나 아빠의 신용 카드를 갖고 다녀요.

솔직히 신용 카드를 들고 다니면 엄청 편하긴 하지. 돈을 갖고 다닐 필요가 없으니까.

하긴, 신용 카드도 그래서 만들었지. 어떤 사업가가 지갑을 잃고 곤란해진 경험 때문에 현금을 갖고 있지 않더라도 언제든 식사를 하고, 나중에 돈을 가져다줄 수 있다면 편하겠다는 생각을 했대. 그걸 아이디어로 만들어 낸 것이 회원제로 운영되는 외상 시스템이었어.

신용 카드와 외상이 무슨 관련이 있어요?

회원들이 지정된 식당에서 식사한 후 서명만 하는 거야. 정해진 날짜 안에 돈을 가져다주면 되니까 외상이랑 같은 개념이잖아. 그게 바로 신용 카드의 시작이었지.

신용 카드가 돈처럼 사용된 거로군요!

요즘은 디지털 화폐도 등장했어. 화폐가 인터넷과 결합해서 새로운 형태로 탈바꿈한 거지.

 디지털 화폐라고 하니 어쩐지 미래 세상에서 쓰는 돈 같아요.

 디지털 화폐는 이미 널리 쓰이고 있단다. 요즘 버스를 탈 때 현금을 내는 사람은 거의 없지? 대신 '티머니'라는 작은 플라스틱 카드를 카드 단말기에 대잖니. 디지털 화폐는 티머니처럼 IC 카드칩을 카드에 심어 놓은 플라스틱 카드와 인터넷으로 거래할 수 있는 네트워크형 사이버 머니, 두 종류가 있단다.

 플라스틱 카드는 우리가 필요한 만큼 돈을 집어넣어 충전하니까 일종의 선불형 결제 시스템이네요.

 그럼 네트워크형 사이버 머니는요?

 자신의 통장에 들어 있는 돈을 가상 통장으로 필요한 만큼 옮겨 놓고, 결제할 때 거기에서 돈이 빠져나가도록 만드는 것이란다. 예를 들어 카카오톡의 초코라든가 인터넷 게임 머니가 대표적인 예야. 그게 사이버 머니지.

 그거 저도 이용해 봤는데 뭔가 좀 이상했어요. 디지털 화폐로 물건을 살 때 실제 돈을 내는 것이 아니니까 어쩐지 공짜로 산 기분이 들더라고요.

 저는 사이버 머니가 해킹당할까 봐 두려웠어요. 대부분 개인 정보와 연결되어 있어서 한번 해킹당하면 내 정보가 고스란히 넘어가는 거잖아요.

> 그래, 아직 디지털 화폐는 해킹이나 위조, 변조에 대한 위험성이 크지. 다른 나라에서도 쉽게 이용할 수 있어 세금 탈세의 수단으로 사용될 수 있다는 문제점이 있긴 해.

며칠 뒤의 일이에요. 민지가 분식집 앞을 지나다가 입맛을 꿀꺽 다시지 뭐예요. 다림이는 민지에게 배가 고프면 신용 카드로 떡볶이를 사 먹으라고 말했어요. 그러자 민지가 고개를 가로저었지요.

"안 돼. 당분간 신용 카드는 사용 금지거든."

"왜?"

"그냥 신기하고 재미있어서 여기저기 다니면서 막 썼지. 그랬더니 돈이 꽤 나왔지 뭐야. 그걸 확인한 엄마가 당분간 용돈도 금지고, 신용 카드 사용도 금지랬어."

민지는 이렇게 푸념하며 떡볶이 집을 그냥 지나쳤어요.

두 번째 부자 수업

돈 관리를 어떻게 해야 할까요?

내 용돈이 다 어디로 갔을까요?

다림이는 텅 빈 저금통을 보고 털썩 주저앉았어요. 용돈을 받은 게 엊그제인데 그새 빈털터리가 되어 버린 거예요.

"말도 안 돼. 내 용돈이 어디로 사라진 거지?"

다림이는 누군가 자신의 돈을 몰래 훔쳐 간 게 아닐까 하고 생각했어요. 그게 아니라면 그 많던 용돈이 한순간 사라진다는 게 이해가 되지 않았던 거예요.

"삼촌, 우리 집에 도둑이 든 것 같아."

"나도 같은 생각이야!"

삼촌이 옳다구나 맞장구를 쳤어요.

"음, 그런데 삼촌은 왜 그런 생각을 했어?"

"내 월급이 통장을 쌩 스치고 사라져 버렸거든. 한 달 동안 월급날만 기다리면서 버텼는데!"

"나도! 용돈 담아 둔 저금통이 텅 비었어."

다림이와 삼촌은 주절주절 이야기를 시작했어요.

"나는 한 달 내내 먹고 싶은 것도 참아 가며 월급날만 기다렸어."

삼촌이 허탈한 표정으로 말했지요.

"잠깐, 삼촌! 엊그제 치킨 사 먹지 않았어?"

"그랬지."

"에이, 그럼 삼촌은 돈을 직접 쓴 거네. 난 군것질도 안 하고 장난감도 안 샀다고. 그런데도 용돈이 눈 깜짝할 사이에 사라지고 말았어!"

다림이가 콧구멍을 벌름벌름하며 심각하게 말했어요.

"대신 넌 게임을 할 때 아이템을 샀잖니."

"아!"

다림이는 엊그제 산 게임 아이템이 떠올랐어요. 실제로 갖고 다니는 게 아니다 보니 깜빡하고 있었던 거죠.

아빠는 자신이 가난한 사람이라고 생각해요, 아니면 부자라고 생각해요?

갑자기 왜 그런 걸 묻는 거니?

어떤 설문 조사를 보았는데, 거기 응답자 절반이 '나는 가난하다'라고 느낀대요.

더 놀라운 건 그 사람들 중 절반이 1년 동안 받는 연봉이 6,000만 원 이상이라는 거예요. 연봉이 1억 이상인 사람들도 1.81퍼센트나 된대요.

그 정도면 꽤 고액 연봉인데 가난하다고 느낀다고?

그러니까요. 내가 그 연봉이면 뭐든 펑펑 사고, 돈도 마음껏 쓸 것 같은데요.

돈은 번 만큼 쓰는 거라잖아. 그 사람들은 씀씀이가 더 커져서 자신이 가난하다고 느끼는 게 아닐까?

그럴 수 있지. 가난은 상대적이니까. 내가 가난하다고 느끼면 가난한 거지.

 그런데 나는 진짜 가난한 게 맞아요.
용돈을 받자마자 슥 하고 사라진다니까요.

 어휴, 그건 네가 돈 관리를 제대로 못 해서지.

 아빠는 큰 부자는 아니지만 그렇다고 가난한 사람도 아니라고 생각한단다. 아빠는 소득에 맞춰 체계적으로 돈 관리를 하고 있거든.

 어떻게요?

 돈이 부족하다고 느낄 때는 방법이 세 가지가 있지. 첫째, 소득을 늘리거나, 둘째, 지출을 줄이거나, 셋째, 소득을 늘리고 지출을 줄이거나. 하지만 대부분의 사람이 그렇듯이 소득을 자기 마음대로 늘리기에는 어려움이 있어.

 그렇다면 관리가 가능한 부분은 지출이고, 재테크의 기본은 '지출 관리'겠군요.

 흥, 무조건 쓰지 않고 버티는 건 너무 어려운 일이야. 살다 보면 돈 쓸 일이 엄청나게 많다고.

물론 돈을 한 푼도 쓰지 않고 살 수는 없겠지. 하지만 효율적으로 절약하고 돈을 모으는 방법은 얼마든지 있어. 주거비, 생필품비, 식비, 공과금, 통신비, 교통비, 의복비, 미용비 등 항목별로 지출 내용을 정리하고, 이 가운데 줄일 수 있는 부분을 찾아보는 것도 좋은 방법이지.

내가 가진 물건들을 잘 살펴보고 불필요한 물건은 사지 않는 것도 좋은 방법인 것 같아요.

그래. 그리고 무엇보다 충동적으로 돈을 쓰지 않는 습관을 길러야 해.

 윽, 그건 자신 없는데!

삼촌과 다림이는 돈을 아끼기 위해 지출 명세서를 만들어 보기로 했어요. 그리고 이번 달에 얼마를 썼는지 살펴보고, 줄일 항목들을 찾아보기로 했지요.

"어디 보자, 난 이번 달에 술값으로 10만 원을 썼군."

"삼촌, 술값만 줄여도 금방 부자가 되겠는데?"

"어림없는 소리! 그 돈을 아끼면 직장 생활을 하면서 생긴 스트레스는 어떻게 풀라고?"

삼촌은 그 항목은 절대 줄일 수 없다고 했어요. 하긴 다림이도 게임

아이템을 사는 것만은 포기할 수 없었지요.

   수입은 한정되어 있고 절약은 하기 싫고, 그러다 보면 달라진 건 하나도 없겠지요. 두 사람은 이번 달에도, 다음 달에도 돈이 부족할 것 같다며 한숨만 내쉬었답니다.

지출명세서

다림		삼촌	
내용	금액	내용	금액
아이템	5,000원	옷	50,000원
과자	1,500원	술값	30,000원
		커피	5,000원

합리적인 소비가 뭘까요?

다림이는 학교를 마치자 분식집 앞으로 쪼르륵 달려갔어요. 그리고 큰 소리로 외쳤지요.

"여기 2인분처럼 넉넉한 떡볶이 1인분, 튀김 1인분이요! 매우니까 쿨피스도 한 잔 주세요!"

주문을 한 지 얼마나 지났을까, 달콤하고 매콤한 냄새를 솔솔 풍기는 떡볶이와 튀김이 나왔어요.

다림이는 냠냠 쩝쩝 떡볶이와 튀김을 순식간에 먹어 치웠지요.

집으로 가는 길에 다림이는 친구들을 만났어요. 친구들은 다 함께 우르르 PC방으로 가는 길이었지요.

"다림아, 너도 PC방 갈래?"

"좋아. 오늘은 공부하느라 스트레스를 너무 많이 받았어. 이런 스트레스는 게임으로 풀어 줘야 한다고!"

PC방에 도착한 다림이는 책가방을 휙 벗어던지고 게임을 시작했어요. 게임을 하다 보니 배가 고파져서 컵라면도 사 먹었지요. 그렇게 신나게 놀고 나니 스트레스가 싹 달아난 것 같았어요.

"얘들아, 잘 가!"

"안녕! 잘 가!"

다림이는 친구들에게 인사를 하고 집으로 향했어요. 그런데 어쩐지 주머니가 엄청 가볍다는 느낌이 들지 뭐예요.

"엇, 이상하다? 아까 분명 1만 원이 있었는데!"

다림이의 주머니에는 몇백 원밖에 남아 있지 않았어요. 당황한 다림이는 주위를 두리번두리번했어요.

"엇, 이게 어떻게 된 거지? 내 돈이 사라졌어! 어디다 흘렸나?"

다림이가 주변을 샅샅이 찾고 있을 때였어요. 누군가 저 앞에서 주변을 두리번거리는 게 보였지요. 바로 삼촌이었어요.

"삼촌!"

"다림아, 넌 여기 어쩐 일이니?"

"돈을 잃어버린 것 같아서 찾고 있었어."

"너도? 삼촌도 그래!"

다림이의 행복한 돈 스터디

아빠, 사고 싶은 걸 무조건 꼭 참는 게 합리적인 소비인 건가요?

아니, 그럴 리가 없잖니.

흐흐, 엄마한테 운동화를 새로 사 달라고 졸랐다가 실패했구나! 그럴 줄 알았어. 새 운동화 산 지 얼마 안 됐잖아. 그러니 엄마가 사 줄 리 없지.

엄마가 합리적인 소비를 해야 한다고 이번 달에는 운동화를 사 줄 수 없다지 뭐야. 힝! 발이 그사이 커져서 운동화가 작단 말이야. 대체 합리적인 게 뭐지? 엄마는 무조건 참고 안 사는 걸 합리적이라고 말하는 것 같아.

그럴 리가. 합리적 소비는 먼 미래까지 내다보고, 가지고 있는 돈으로 여러 가지 상품 가운데서 적절한 물건을 선택하고 최대 만족을 얻는 거란다.

음, 그래도 어떤 걸 사야 합리적인 소비를 했다고 하는 건지 잘 모르겠어요. 다림이 말처럼 엄마는 무조건 '안 돼!'라고만 하는 것 같단 말이에요.

먼저 자신의 소득을 고려한 뒤, 비용보다 만족이 큰 것을 선택해야겠지. 그저 갖고 싶다고, 만족도가 높다고 나한테 필요하지 않은 물건을 다 산다면 그건 충동구매일 뿐이야. 또 지금 내 형편을 잘 고려해야겠지. 만약 빚을 지면서까지 사고 싶은 물건을 산다면 그건 절대 합리적이지 않은 행동이야.

같은 물건이라 하더라도 판매하는 곳에 따라 가격이 다르니까 잘 비교하고 사면 합리적인 소비래요.

피! 열심히 일해서 번 돈으로 내가 갖고 싶은 것 하나도 살 수 없다면 그게 무슨 재미겠어. 난 합리적 소비 싫어!

다림아, 잘 들어 봐. 우리가 쓸 수 있는 돈은 한정되어 있기 때문에 사고 싶은 것을 모두 살 수는 없어. 그래서 자신에게 가장 필요한 것과 그렇지 않은 것을 구분해야 하는 거야. 그리고 항상 일정한 간격으로 사야 하는 것들이 무엇인지, 또 가끔 사도 되는 게 무엇인지 정한 다음 우선순위를 정하고 소비해야 하는 거란다.

그렇게 생활하면 합리적인지는 몰라도 행복하진 않을 것 같아요. 갑자기 뭔가 특별한 게 먹고 싶은 날도 있고, 나한테 멋진 걸 선물해 주고 싶은 날도 있는 거잖아요.

옳소! 그런 날도 있지.

그래, 갑자기 고기가 너무 먹고 싶은 날도 있을 거야. 하지만 밖에서 고기를 사 먹음으로써 얻게 되는 이익과 집에서 밥을 먹음으로써 얻게 되는 이익을 비교해 보고 더 크고 중요한 걸 결정하는 게 좋지 않겠니?

 그런 걸 꼼꼼하게 따지다 보면 평생 고기 한번 못 사 먹는 사람이 될 수도 있다고요!

휴, 합리적인 소비는 너무 어려워요!

집으로 돌아온 다림이는 책상 앞에 앉아 곰곰이 생각해 보았어요.

'오늘 내가 쓴 돈은 과연 후회 없는 것이었을까?'

어디에 얼마나 많은 돈을 썼는지 따져 보니 'PC방에서 컵라면을 사 먹은 건 굳이 하지 않아도 좋았을 텐데!'라는 생각이 들었지요.

"힝, 하지만 돈을 쓰려고 할 때는 아무 생각도 못 하게 된단 말이지. 그 순간 컵라면을 사 먹지 않으면 안 될 것 같다는 생각이 먼저 드는데 어떡하라고!"

다림이는 책상 위에 놓인 동전 몇 개를 바라보며 한숨을 내쉬었지요.

왜 충동구매를 할까요?

"자, 맛 좋고 신선한 딸기가 1+1입니다!"
"어머머, 저건 꼭 사야 해!"
"자, 오늘 화장지를 사시면 2+1입니다."
"어머, 잘 됐다! 화장지는 두고두고 쓸 수 있으니까 미리 사 두면 좋겠지?"

엄마가 카트를 끌고 요리조리 왔다 갔다 했어요. 다림이는 우두커니 서서 신이 난 엄마의 모습을 바라보기만 했어요.

"지금 칫솔을 반값 세일하고 있어요!"
"어머! 칫솔도 두고두고 쓰는 거잖아! 당장 사야지!"
"엄마, 서랍장에 칫솔이 가득하다고. 아직 새 칫솔도 많은데 이걸 또 사게?"
"칫솔은 소모품이니까 언젠가 필요한 거잖아. 손님들이 갑자기 오면 드리기도 해야 하고."

엄마는 귀를 팔랑거리며 세일한다는 물건을 모조리 쓸어 담았지요. 그러더니 계산대 앞에 서서는 눈을 휘둥그레 떴어요.

"세상에, 돈이 이렇게나 많이 나왔다고요?"

"네, 손님."

계산대에 서 있던 직원이 어색한 표정으로 웃음을 지었어요.

"어머나, 어머나, 이게 웬일이니? 물가가 너무 올랐나 봐! 장을 한 번 보는 데 10만 원이 훌쩍 넘다니! 이래서야 어디 무서워서 장이나 제대로 보겠어?"

엄마가 호들갑스럽게 말했지요.

그 모습을 본 다림이는 속으로 생각했어요.

'엄마가 참지 못하고 충동구매로 물건을 그만큼 많이 쓸어 담았으니까 그렇지!'

다림이의 행복한 돈 스터디

아빠, '필요 소비'와 '욕망 소비'가 뭐예요?

필요 소비는 필요한 물건을 사는 것을 말하고 욕망 소비는 충동적으로 물건을 사는 것을 말하지.

 너무 애매해요. 예를 들어서 목마를 때 음료수를 사 먹는 건 욕망 소비일까요, 필요 소비일까요?

정말 애매하긴 하네. 내 생각에는 내게 꼭 필요한 것과 필요 없는 것을 무 자르듯 딱 잘라 구분하기보다는 '우선순위'를 정해서 결정해야 할 것 같구나.

우선순위를 정한다고요?

예를 들어서 컴퓨터를 산다고 치자. 먼저 내게 컴퓨터가 필요한지 아닌지를 생각해 봐야겠지. 학교 숙제도 하고 게임도 하고 인터넷 검색도 하려면 컴퓨터가 꼭 있어야 할 거야. 그러니 필요 소비에 속하겠지. 하지만 어느 정도 성능을 가진 컴퓨터를 사야 할지 따져 봐야 해. 무조건 높은 성능을 살 필요는 없다는 말이지. 다른 물건들도 마찬가지야. 욕망을 이기지 못해 무작정 사는 것일 수도 있고, 필요한 것을 알차게 사는 것일 수도 있어.

 음, 기왕 사는 거 좋은 걸 사야 하지 않을까요?

 하지만 숙제를 하거나 인터넷 검색만 하려면 굳이 고성능 컴퓨터가 아니어도 되잖아.

 현재 내가 가진 돈과 앞으로 벌 돈을 잘 살펴보면 어떤 컴퓨터를 사는 게 좋을지 답이 나오겠지?

 음, 그것도 좋은 방법이긴 하지만 그렇게 가성비 좋은 상품을 찾기 위해 쓰는 시간도 무시 못 해요. 그냥 좋은 브랜드를 사면 편하고 좋지 않을까요?

 하긴, 일리가 있네. 가성비가 좋다는 건 가격 대비 품질이 좋은 걸 의미하는데, 과연 그런 게 있을까요? 대개는 가격이 싸면 품질이나 디자인이 떨어지니까요.

 최소한 예산을 정하고, 그 예산에 알맞은 상품 중에 가장 좋은 것이 무엇인지 찾는 노력을 해야지. 그래야 우리가 쓴 돈이 아깝지 않다고 느낄 수 있잖아. 아무리 부자여도 가진 돈은 한정된 거란다. 그래서 그 한정된 돈을 알차게 쓰기 위해 노력하는 거야.

그날 저녁, 집으로 돌아온 다림이는 창고에 쌓여 있는 물건들을 하나씩 꺼내기 시작했어요. 그 모습을 본 엄마가 놀라서 두 눈을 10시 10분 방향으로 치켜떴지요.

"다림아, 지금 뭐 하는 거니?"

"엄마의 사재기 습관을 고쳐 보려고요. 여기 뭐가 있는지 목록을 만들어 두면 앞으로 슈퍼에서 '1+1이니까 사야지!', '이런 건 미리 사 둬도 괜찮아!' 이런 말씀을 안 하실 거 아니에요?"

다림이의 말에 엄마의 얼굴이 빨개지고 말았어요.

"휴, 우리 아들이 너무 똑똑해서 엄마가 피곤하구나."

돈 관리의 기본은 가계부

다림이네 동네에는 자린고비 할아버지가 살아요. 할아버지는 동화 속 주인공처럼 지독한 구두쇠랍니다.

큰 상가 건물주라는데, 자린고비 할아버지는 옷도 날마다 같은 것을 입고, 신발도 금방이라도 구멍이 날 것처럼 낡은 것만 신지요. 그것도 모자라 큰 상가 청소를 혼자서 직접 다 한다고 해요. 청소 업체에 맡기는 게 아깝다면서요.

그 모습을 본 아이들은 수군수군 할아버지에 관한 이야기를 늘어놓았지요.

"소문 들었어? 저 할아버지는 반찬을 사 먹는 것도 아까워서 천장에다 굴비 한 마리를 걸어 두었대. 자린고비 동화가 실화였음."

"밥 먹을 때마다 그걸 보고 밥 한 숟가락씩 먹고 그러는 거야?"

"그렇다니까. 심지어 이런 적도 있대! 하루는 할아버지 집 장독 뚜껑을 열어 놓았는데 파리 한 마리가 앉아 있더래. 그걸 본 할아버지가 노발대발 화가 나서 파리를 쫓아가면서 '이놈아, 네 발에 묻은 김치 양념 내놓아라!' 이러더래."

"우아, 대박!"

다림이와 아이들은 자린고비 할아버지를 볼 때마다 킥킥킥 웃음을 터트렸어요.

그러던 어느 날, 다림이는 자린고비 할아버지에 대한 새로운 이야기를 듣게 되었어요.

"그 할아버지는 원래 이북에서 내려온 피란민이래. 6·25전쟁 통에 남쪽까지 피란을 오게 되었고, 이 동네에 있는 큰 부잣집에서 오랫동안 머슴으로 일을 했었대."

그런 할아버지가 부지런히 돈을 모아서 으리으리한 건물의 주인이 되었다는 거예요. 그 말을 들은 다림이는 귀가 솔깃해졌어요.

"우아! 그런 사연이 있었구나. 그나저나 자린고비 할아버지는 어떻게 돈을 모은 걸까? 나는 아무리 모으려고 해도 단돈 1만 원도 모을 수가 없는데!"

다림이의 행복한 돈 스터디

이 세상에서 제일 어려운 게 돈을 모으는 일 같아요. 아, 만수르 같은 부자들은 좋겠다. 태어날 때부터 부자면 돈을 모을 필요가 없잖아요.

천만에! 만수르처럼 대단한 부자라 하더라도 수입과 지출 관리를 잘해야 계속 부자로 살 수 있단다.

에이, 만수르는 하루에 수천만 원씩 돈을 펑펑 써도 끄떡없을 정도로 큰 부자라던데요?

세상에 돈을 벌지 않고 쓰기만 하는데도 괜찮은 사람이 있겠니? 버는 돈은 적은데 쓰는 돈이 많으면 결국 빚을 지게 될 텐데? 수입보다 지출이 크면 빚이 늘어나게 될 테고, 그 빚 때문에 언젠가 불행한 삶을 살게 돼. 그러니 돈을 쓸 때는 수입과 지출을 잘 따져야 해.

그건 어떻게 하는 건데요?

그야 계획적이고 형편에 맞게 돈을 쓰는 습관을 지녀야겠지. 또 용돈 기입장이나 가계부 등에 내가 가진 돈과 앞으로 들어올 돈, 쓸 돈을 따로 구분해서 정리해 두어야 해. 그러면 수입과 지출을 한눈에 알아볼 수 있거든. 무엇보다 중요한 건 현재뿐만 아니라 앞으로 쓰게 될 돈을 미리미리 준비해 두는 것이지.

미래에 쓸 돈을 지금 준비해 둔다고요? 미래에 얼마를 쓸 줄 알고 미리 준비해 둔다는 거예요?

 에이, 우리가 점쟁이도 아니고 예언가도 아닌데 어떻게 그런 준비를 미리 할 수 있어요?

가까운 미래에 일어날 일들을 생각해 보고 그 일들을 대비하여 준비해 두는 거야. 그러면 예상치 못한 일들이 일어난다고 하더라도 빚을 지지 않고 해결할 수 있겠지. 예를 들어 엄마, 아빠, 친구의 생일 선물로 나갈 돈이라든지, 스승의 날 선생님께 드릴 선물을 살 돈을 미리 조금씩 준비해 두는 거야.

우아, 그럼 용돈을 미리 받는다든가 쪼들려서 허덕거릴 일이 없어지겠네요!

 하고 싶은 일을 계획할 때도 미리 조금씩 준비를 해 두면 좋겠네요. 가령 PC방에 가서 쓸 돈을 매달 조금씩 저축해 두는 거예요. 그러면 마음껏 신나게 게임을 할 수 있겠죠?

얘들아, 돈은 벌기 어렵고, 쓰기는 쉬운 것이란다. 돈을 벌려면 한 달 내내 고생해야 하지만 눈 깜짝할 사이에 써 버리게 되니까. 그러니 돈을 잘 관리해야 하는 거야.

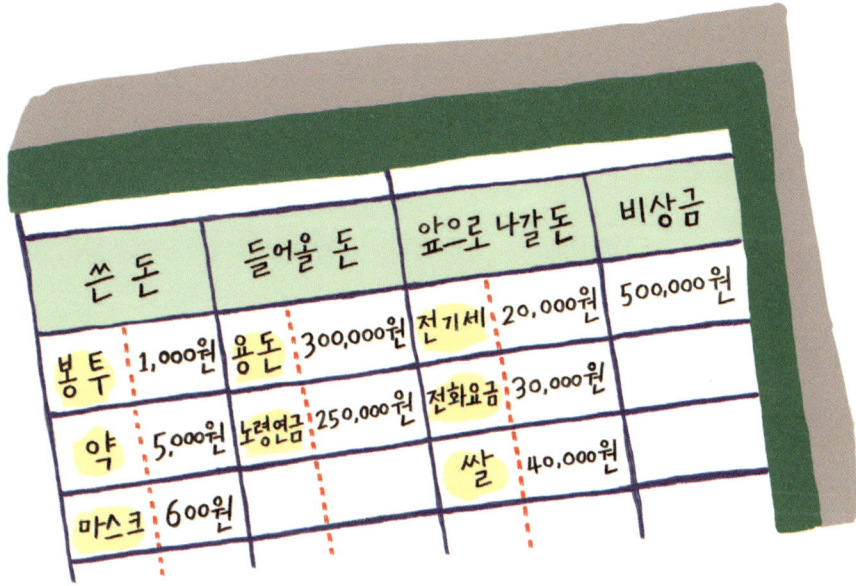

어느 날, 다림이는 우연히 자린고비 할아버지가 떨어뜨린 수첩을 주웠어요. 펼쳐 보니 칸이 네 개 있는 표가 보였지요. 각 칸에는 '쓴 돈', '들어올 돈', '앞으로 나갈 돈', '비상금'이라고 쓰여 있었답니다. 그 수첩은 바로 할아버지의 가계부였던 거예요.

"할아버지! 이걸 떨어뜨리셨어요."

다림이는 자린고비 할아버지를 뒤따라가 수첩을 돌려주었어요.

"아이고, 네가 나한테 제일 귀중한 수첩을 찾아 주었구나."

자린고비 할아버지는 다림이에게 고맙다며 용돈을 주려 했어요. 다림이는 손을 휘휘 저으며 말했지요.

"할아버지, 용돈 대신 할아버지의 가계부를 좀 보여 주세요. 그걸 자세히 보면 저도 부자가 될 수 있을 것 같아요!"

다림이는 진심으로 부자가 되는 특급 비법을 배우고 싶었답니다.

종잣돈이 뭐죠?

다림이는 골목에서 폐지를 줍고 있는 할머니를 보았어요. 할머니는 끙끙거리며 무거운 수레를 끌고 언덕을 향해 올라가고 있었지요.

"할머니, 도와드릴까요?"

"아이고, 고맙구나."

다림이는 할머니의 수레를 힘껏 밀었어요.

수레 뒤꽁무니에서 한참을 끙끙대고 밀었더니 어느새 할머니의 집 앞까지 이르렀어요. 할머니의 집은 낡고 허름했어요. 대문 앞은 물론이고 마당에도 잡동사니와 고물들이 가득했지요.

"애야, 고맙구나. 마땅히 줄 것도 없는데 미안해서 어떡하니?"

"아니에요, 할머니! 저는 괜찮아요."

다림이는 손사래를 치며 말했어요. 그러고는 마당을 둘러보며 무심결에 물었어요.

"할머니, 폐지나 고물을 모아서 파는 거예요? 할머니는 연세도 많으신데 너무 힘든 일인 거 같아요. 우리 할머니는 집에서 쉬시는데 할머니도 일 안 하고 쉬면 안 돼요?"

"젊어서 돈을 못 모으면 노년에 이렇게 힘든 법이란다. 돈을 모아 가

게라도 차리고 싶었는데 그러질 못했지."

"할머니가 되어서도 계속 일을 해야 하다니!"

다림이는 그 나이가 되면 아무것도 하지 않아도 될 거로 생각했거든요. 그런데 생각보다 힘들게 일하는 어르신들이 많은 것 같지 뭐예요.

"어쩔 수 없는 일이란다. 농사를 지으려면 종자가 되는 씨앗이 있어야 하는 것처럼 돈을 벌려면 종잣돈이 있어야 하거든. 그래야 그걸 밑천으로 투자를 하거나 물건 따위를 구매해서 팔 수 있으니까. 그런데 내겐 종잣돈이 없으니 그날그날 푼돈이라도 벌어서 먹고살아야지."

"종잣돈이 있으면 부자가 될 수 있어요?"

"씨앗을 뿌려서 잘 키우면 풍성한 수확을 할 수 있듯이 종잣돈을 잘 키우면 부자가 될 수 있지. 젊을 적에 조금씩이라도 돈을 모아서 종잣돈을 만들었으면 그 돈으로 무엇이라도 할 수 있었을 텐데……."

할머니는 한숨을 푹 내쉬며 말했어요. 그러고는 구부정한 허리를 펴서 모아 온 폐지를 마당 한쪽에 차곡차곡 정리했어요.

"종잣돈이라……."

다림이는 씨앗이 되는 돈이란 말은 처음 들어 보았어요. 그리고 자신도 얼른 씨앗이 되는 돈을 갖고 싶었지요.

 다림이의 행복한 돈 스터디

 누나, 엄마랑 아빠가 꼬부랑 할머니, 할아버지가 되면 우린 어떡해야 할까?

 갑자기 그런 질문은 왜 하는 거야?

 그때는 엄마, 아빠가 돈을 벌 수 없잖아. 그러니 우리가 열심히 일해서 용돈을 드려야겠지?

 아마 그렇겠지!

 아, 요술 램프가 있으면 좋겠어. 램프의 요정에게 '돈이 필요해!'라고 말하면 언제든 돈을 얻을 수 있을 텐데.

 이 세상에 대가 없이 공짜로 벌 수 있는 돈은 없어. 돈을 벌기 위해서는 몸을 움직여 노동력을 제공하든, 머리를 써서 기발한 아이디어나 좋은 생각을 제공하든 무엇이든 제공을 해야 하는 거야. 쉽게 말해서 돈을 벌려면 일을 해야 한다는 말이지.

 복권에 당첨되면 아무것도 하지 않고 거저 돈을 얻는 거잖아.

 어유, 복권에 당첨될 가능성이 얼마나 되겠어? 사람이 벼락 맞을 확률보다 복권에 당첨될 확률이 낮대.

 지금부터 부지런히 복권을 사다 보면 언젠가 한 번은 당첨되지 않을까? 그것도 나름 노력이잖아.

그럴 시간에 더 열심히 공부해서 좋은 직업을 갖는 게 낫지 않을까?

 여기서 공부 이야기가 왜 나오는 거야?

좋은 직업을 가지면 더 많은 연봉을 받을 수 있을 테고, 그러면 종잣돈을 마련해 좀 더 빨리 부자가 될 테니까.

 종잣돈이라고?

돈을 이용하면 또 다른 돈, 더 큰 돈을 벌 수 있지. 그 돈을 벌기 위해 처음 모은 돈을 보통 '종잣돈'이라 부른대. 종잣돈이 마련되면 이것을 이용해 돈을 불릴 수 있지. 돈이 돈을 불린다는 말이 있잖아.

 종잣돈만 있으면 더 큰 돈을 벌 수 있다고? 그게 정말이야?

대개는 은행에다 돈을 차곡차곡 저축해서 종잣돈을 만들지. 하지만 위험을 감수하고 주식이라든지 채권, 부동산 투자 같은 것을 해서 돈을 모으는 사람도 있어.

 우아! 그럼, 우리도 아빠한테 말해서 주식 투자를 하자! 그럼 금방 큰 부자가 될 수 있잖아!

 투자는 그만큼 위험이 따르는 거야. 한 번에 큰 성공을 거둘 수도 있지만 자칫하면 어렵게 모은 돈을 모두 날릴 수도 있어.

 으, 나처럼 겁이 많으면 투자도 함부로 못 하겠네.

 돈을 버는 다른 방법도 있어. 기존의 것에 가치를 더해 더 높은 수익을 창출하는 방법!

 그건 또 뭔데?

 이미 세상에 널리 퍼져 있는 흔한 물건에 내가 가진 기술과 생각을 더해 새로운 물건을 만드는 거야. 예를 들어서 유행이 지난 헌 옷을 리폼하여 새롭게 만들어 파는 거지. 또 새로운 아이디어를 더해서 더 좋은 물건을 만드는 방법도 있지. 운동복에다가 방수 기능을 더한다든지, 운동복을 만들 때 체온 조절이 되는 옷감을 쓴다든지. 그런 것도 돈을 벌 수 있는 아이디어 아니겠어?

 윽, 골치가 아파! 난 그냥 아빠, 엄마가 돈을 많이 물려주면 좋겠어.

얘들아, 돈의 지배자라 불리는 워런 버핏은 이렇게 말했단다. 아이들에게 무엇이든 할 수 있게 충분한 돈을 줄 수 있지만, 아무것도 할 수 없게 많은 돈을 주지는 않을 것이라고. 멋진 말이지? 아빠도 너희에게 많은 돈을 물려주지 않기로 결심했단다.

으윽!

다림이는 혹시 엄마랑 아빠가 꼬부랑 할머니, 할아버지가 되었을 때 가난하면 어쩌나 하는 걱정이 들었어요. 다림이는 그때를 대비해서 지금부터라도 저축을 열심히 해서 종잣돈을 만들어야겠다고 생각했지요.

"아빠, 오늘부터 제 용돈 좀 팍팍 올려 주세요."

"갑자기 왜?"

"이다음에 엄마, 아빠가 늙을 때를 대비해서 지금부터라도 차곡차곡 저축해서 종잣돈을 모으려고요."

다림이의 당돌한 말을 들은 엄마, 아빠는 밥을 먹다 말고 동시에 헛기침을 했지요.

세 번째 부자 수업

부자가 되는 비결이 뭘까요?

일 안 할 거면 먹지도 말라

저녁을 먹고 나서 다림이는 아빠에게 집안의 가훈이 무엇이냐고 물었어요. 선생님이 숙제로 가훈을 알아 오라고 했거든요.

"우리 집 가훈? '일 안 할 거면 먹지도 말라!' 이게 가훈이지!"

"에이, 좀 근사한 거 없어요?"

"이보다 더 훌륭한 가훈은 없어. 일한다는 게 뭐니? 노동을 한다는 뜻이잖아. 노동한다는 것은 정당하게 땀을 흘려 돈을 번다는 것, 다시 말해서 자기의 힘으로 돈을 번다는 뜻이고, 소득에 맞춰 산다는 건 자기 분수를 안다는 뜻이지."

아빠는 마치 학교 조례 때 교장 선생님처럼 말을 아주 길게 늘어놓았어요.

"피!"

다림이는 어쩔 수 없이 아빠가 들려준 "일 안 할 거면 먹지도 말라!"를 가훈으로 써야만 했지요.

이튿날 학교에서 가훈을 발표하게 되었어요. 민지는 "한번 말하기 전에 세 번 생각하라."라는 가훈을 발표했고, 정훈이는 "정직이 가장 좋은 방법이다."라는 가훈을 발표했지요.

다음은 다림이 차례였어요.

"우리 집의 가훈은…… '일 안 할 거면 먹지도 말라!'입니다."

다림이의 말에 아이들이 책상을 두드리며 '와하하!' 웃음을 터트렸어요. 다림이는 부끄러워서 풀썩 자리에 주저앉았지요. 그런데 그 말을 들은 선생님이 이렇게 말했어요.

"왜 웃는 거지? 아주 훌륭한 가훈인데 말이야."

선생님은 소비하기 위해서는 반드시 소득이 있어야 하고, 소득을 만들려면 일을 해야 하는 거라고 덧붙였지요.

그 말을 들은 아이들은 눈을 끔뻑였어요. 어쩐지 그럴듯해 보이는 말이었던 거예요.

'우리 집 가훈에 이런 멋진 뜻이 있었어? 하긴, 아빠도 소득에 대해서 말씀해 주신 것 같긴 해.'

선생님의 설명에 기운이 난 다림이는 쪼그라들었던 어깨를 활짝 폈지요.

다림이의 행복한 돈 스터디

아빠, 소득이 뭐예요?

소득은 경제 활동의 대가로 얻는 돈이야. 경제 활동은 돈을 벌기 위해 하는 활동을 말하지. 소득을 벌려면 우선 일을 해야 해. 회사에 다니면서 일을 할 수도 있고, 가게를 운영하면서 일을 할 수도 있겠지?

농사나 고기잡이 등을 해서 돈을 버는 것도 소득이겠네요?

그렇지.

음, 그렇다면 돈을 많이 버는 직업을 가져야 소득이 높아지겠네요? 소득을 얻는 방법이 직업을 갖는 것밖에 없나요?

어떤 사람들은 자신의 재산을 이용하여 소득을 얻기도 해. 예를 들어 은행에 저축하면 이자를 받을 수 있고, 땅이나 건물을 빌려주고 월세를 받을 수 있으니까. 또 병을 얻거나 사고로 받은 보험금도 있고, 할아버지, 할머니가 됐을 때 받는 연금도 소득이 되지.

하지만 대부분 사람은 직업을 통해 소득을 얻잖아요. 그래서 어른들이 공부를 열심히 해야 한다고 하는 거죠? 좋은 직업을 가져야 돈을 많이 벌 수 있으니까!

그렇지. 대부분의 사람은 직장에서 일을 해서 소득을 만들어. 그런데 똑같은 시간을 일하더라도 어떤 사람은 돈을 더 많이 받고, 어떤 사람은 돈을 조금밖에 받지 못하는 일이 생기지.

 피, 똑같이 한 시간을 일해도 소득이 이렇게 다르다니! 뭔가 불공평해요.

그건 어쩔 수 없지. 노동의 질이 다르잖아. 억울하면 자신을 계발해서 자신의 노동력을 비싼 값으로 팔 수 있게 만들어야지.

그래, 결국 중요한 건 '나' 자신이란다. 내가 건강을 지키고 나 자신의 가치를 높이기 위해 다양한 투자와 노력을 하면 그만큼 많은 돈을 벌 수 있지.

 아빠 말씀은 지금 당장은 공부를 열심히 하라는 소리로군요.

음, 그런데 아빠! 사람들은 소득을 많이 얻는 직업을 좋은 직업이라고 생각하지만 꼭 그런 것은 아닌 거 같아요. 소득이 높더라도 적성에 맞지 않으면 행복할 수 없잖아요. 또 소득이 낮더라도 보람이나 가치 있는 일들이 있고요.

맞아, 직업을 선택할 때는 소득뿐만 아니라 나의 소질과 적성에 맞는지, 그리고 보람과 만족을 얻을 수 있는 직업인지 살펴봐야 하지.

그날 저녁, 다림이는 집 안을 대청소하기 시작했어요.

다림이는 청소를 하기 위해 온갖 물건들을 늘어놓았지요. 그 모습을 본 아빠가 두 눈을 휘둥그레 떴어요.

"다림아, 지금 뭐 하는 거니?"

"일하지 않으면 먹지도 말라고 하셨잖아요. 오늘은 좀 특별히 맛있는 걸 먹고 싶어서 일을 열심히 하는 중이에요!"

다림이는 일부러 숨을 더 크게 몰아쉬며 힘들게 청소를 했어요.

"끙! 가훈을 이렇게 써 먹다니!"

아빠는 다림이를 보며 이마를 탁 쳤어요. 어째 다림이의 잔머리가 날이 갈수록 잘 돌아가는 것 같으니 그럴 수밖에요.

소득을 얻는 다양한 방법

- **근로 소득**: 월급과 같이 노동을 제공한 대가로 받는 소득이에요.
- **사업 소득**: 가게나 회사를 직접 운영하여 얻는 소득이에요.
- **재산 소득**: 자신의 재산을 이용해 이자나 임대료 등을 받는 소득이에요.
- **이전 소득**: 퇴직, 질병, 사고, 노령 등으로 받는 연금도 소득이지요.

직업을 꼭 가져야만 할까요?

학교 수업 시간의 일이에요. 선생님이 아이들에게 어떤 직업을 갖고 싶은지 발표해 보라고 말했어요.

"저는 의사가 되고 싶습니다. 아픈 사람도 치료해 주고 사람들에게 존경받고 싶어요."

반장인 민수가 가장 먼저 발표했어요.

"저는 판사가 되고 싶습니다. 이유는 엄마가 저를 자랑스러워하실 것 같기 때문입니다."

"저는 변호사가 되고 싶습니다."

"저는 유명한 박사가 되고 싶어요."

"저는 교사가 되는 게 꿈입니다."

아이들의 꿈을 듣고 있던 다림이는 한 가지 놀라운 공통점을 발견했어요.

대부분 직업에 '사' 자가 들어갔던 거예요. 의사, 변호사, 판사, 검사, 교사, 간호사, 한의사, 박사……. 아이들은 이런 직업을 최고의 직업이라고 생각하고 있었지요. 어른들도 다 그렇게 말하잖아요.

"자, 이제는 다림이가 발표해 볼까?"

선생님이 다림이에게 미래에 갖고 싶은 직업이 무엇인지를 물었어요. 다림이는 망설이다가 발표했지요.

"저는 친구들과 아주 친하게 지낼 것입니다. 그리고 미래에는 거지가 되고 싶습니다."

"어머, 왜?"

선생님의 두 눈이 휘둥그레졌어요.

"그 이유는 친구들이 모두 잘나가는 의사, 변호사, 판사, 교사, 이런 사람이 되면 돈을 아주 많이 벌 것이기 때문입니다. 그러면 가난한 저에게 밥도 사 주고 용돈도 주지 않을까요?"

아빠는 제가 이다음에 어떤 직업을 가졌으면 좋겠어요?

당연히 '사' 자가 들어가는 직업 아닐까? 그런 직업을 가지면 돈을 많이 벌고 사람들에게 존경도 받잖아.

확실히 사람들이 좋아하고, 돈을 많이 버는 직업 중에는 '사' 자가 들어가는 직업이 많긴 하지. 하지만 그런 직업은 우선 공부를 많이 해야 하고, 전문적인 지식을 갖고 있어야 해. 전문가로 인정을 받을 수 있으니 사회적인 영향력도 크겠지. 하지만 그게 정말 너희의 행복에 도움이 되는 직업인지는 잘 생각해 보아야 한단다. 돈을 많이 벌어도 내게 어울리지 않고, 적성에 맞지 않는다면 일을 하는 동안 괴로울 테니까.

아빠는 우리가 좋은 직업보다 행복할 수 있는 직업을 갖는 게 더 좋다고 생각하세요?

당연하지. 가장 좋은 직업은 내가 일을 하는 동안 행복을 느낄 수 있는 것이란다. 무턱대고 돈을 좇아 직업을 선택하는 건 어리석은 일이야.

나는 그냥 아무것도 하지 않고 빈둥빈둥 놀면서 돈만 펑펑 쓰는 그런 사람이 되면 엄청 행복할 것 같아요.

사람은 무슨 일이든 꼭 해야 해. 우리가 직업을 갖는 가장 큰 이유는 돈일 거야. 돈이 있어야 살아가는 데 필요한 것들을 마련할 수 있으니까. 먹을 것을 사고, 입을 옷을 사고, 잠잘 집을 마련하려면 돈이 필요하고, 그 돈을 벌려면 반드시 직업이 있어야겠지? 하지만 꼭 그것만이 직업을 갖는 이유는 아니란다. 우리가 일하는 건 '보람'과 '행복'을 느끼기 위해서이기도 하거든. 자신의 가치를 인정받고 스스로에 대한 만족감이 있어야 행복하잖아. 아무것도 하지 않고 온종일 집안에만 틀어박혀 있어야 한다고 생각해 봐. 돈이 아무리 많아도 행복하지 못할 거야.

하긴 그래요! 방학 때 노는 것도 하루이틀이지 일주일 정도 지나면 다시 학교에 가고 싶어지잖아요. 온종일 노는 것도 보통 힘든 일은 아니죠.

난 괜찮던데? 난 한 달 내내 놀아도 즐겁고 행복했어.

얘들아, 직업은 작게 보면 나 자신이 살아가는 데 필요한 돈을 벌기 위한 일이고, 크게 보면 이 나라를 발전시키는 힘이 되는 일이란다. 내가 열심히 일한 만큼 이 나라가 발전하기 때문이지. 그러니 이다음에 과연 어떤 직업을 가질 것인가는 아주 신중하게 생각해야 하는 거야.

다림이의 발표를 들은 아이들은 깔깔깔 웃음을 터트렸어요. 선생님은 당황한 듯 말을 잇지 못했지요.

"만약 부모님께서 거지가 되는 걸 반대하신다면 또 다른 직업을 생각해 두었습니다."

다림이의 말에 선생님이 땀을 훔치며 물었어요.

"그, 그게 뭔데?"

"열심히 공부해서 할아버지, 할머니를 돌보는 사람이 되고 싶어요. 왜냐하면 할아버지, 할머니는 나이가 많이 드셔서 조금만 잘해도 칭찬을 해 주고, 용돈도 잘 주고, 힘든 일 같은 건 안 시킬 것 같거든요."

다림이의 발표에 아이들은 "와!" 하고 고개를 끄덕였어요. 다림이는 자신의 발표가 꽤 마음에 들어 씨익 웃으며 자리에 앉았지요.

정보가 돈이 될까요?

삼촌이 아까부터 무언가를 골똘히 들여다보고 있었어요. 삼촌의 입에서는 "윽!", "아깝다!", "아유!" 하는 소리가 연신 터져 나왔지요. 다림이는 방문을 열고 들어가 삼촌이 뭘 하는지 엿보았어요.

"아깝다, 진작 여기서 샀어야 했는데!"

삼촌이 다시 탄식했어요.

"삼촌, 아까부터 뭐가 자꾸 아깝다는 거야?"

"그게 말이지…… 내가 얼마 전에 컴퓨터를 새로 샀거든. 그런데 똑같은 걸 다른 곳에서 더 싸게 팔고 있잖아. 자그마치 15퍼센트나 더 싸게 팔고 있다는 걸 오늘 알았지 뭐야. 이래서 요즘에는 정보를 잘 알아야 부자가 될 수 있는 거라고."

"에? 정보랑 부자랑 무슨 관계가 있는데?"

"잘 생각해 봐. 이 동네에서 달걀이 제일 싼 마트가 어디일까?"

"싸다마트겠지? 엄마가 달걀을 살 때는 꼭 거기 가서 사잖아."

"그래, 그런데 그 정보를 모르는 사람들은 더 비싼 돈을 주고 달걀을 사겠지? 결국 정보가 있으면 몇천 원을 더 아낄 수 있는 거라고."

삼촌의 설명을 들은 다림이는 뭔가 번뜩 떠오르는 게 있었어요.

"삼촌, 나한테 방금 엄청난 아이디어가 생각났어. 장난감을 제일 싸게 파는 곳을 찾아내는 거야. 거기서 장난감을 왕창 산 다음 그걸 아이들에게 파는 거지. 어때?"

하지만 삼촌은 시큰둥한 표정을 지었어요.

"그러려면 자본금이라는 게 필요할 텐데? 게다가 그 장난감이 다 안 팔리면 어떡해?"

삼촌의 말에 다림이는 움찔했어요. 속으로 만약 장난감이 팔리지 않으면 자기가 갖고 놀 수 있을 거라고 생각했거든요.

 **다람이의 행복한 돈 스터디**

아빠, 삼촌이 정보가 곧 돈이라는 말을 하던데 그게 맞는 말이에요?

정보는 어떤 문제를 해결하고 의사 결정을 할 때 도움이 되는 지식이나 소식, 자료 등을 말하는 거지. 경제생활에서는 정보가 아주 중요한 역할을 한단다. 정보만 잘 활용하면 돈을 절약할 수 있기 때문이지.

정보를 활용해서 돈을 아낀다고요? 어떻게요?

예를 들어서 어디에 가면 어떤 물건을 더 싸게 살 수 있다는 정보가 있으면 어떨까? 상품의 기능과 특성에 대한 정보를 제대로 알면 자신에게 알맞은 상품을 고를 수 있고, 더 싼값에 물건을 파는 곳을 안다면 돈을 아낄 수도 있겠지?

하지만 그런 정보를 얻는 건 쉬운 일이 아니잖아요.

맞아요. 그런 고급 정보는 아무나 알 수 있는 게 아니라고요.

정보도 돈이니 그것을 얻으려면 노력을 해야지. 예를 들면 인터넷을 이용해 검색한다거나, 신문, 잡지, 텔레비전 같은 것을 보고 정보를 찾아낸다거나.

그런데 인터넷 등을 통해 얻은 정보가 돈이 될까요?
그건 검색하기만 하면 누구나 얻을 수 있는 정보인데요?

인터넷을 이용하면 누구나 쉽게 여러 회사에서 만든 제품들의 가격을 비교할 수 있을 뿐만 아니라 품질과 특성에 대한 여러 가지 정보도 얻을 수 있어. 그런데 이런 정보를 제대로 활용할 줄 아는 사람이 많지 않단다. 그러니 잘 활용하면 돈이 된다는 거야.

하긴, 나도 물건을 살 때 어떤 곳에서 더 싸게 파는지 알아보기보다는 일단 저지르고 보니까.

가만, 꼭 인터넷에서만 정보를 얻는 건 아니잖아요. 친구나 이웃 등 주변 사람들로부터 필요한 정보를 얻을 수 있잖아요.

맞아. 다만 누구나 쉽게 얻을 수 있는 정보는 사실일 수도 있고 아닐 수도 있어. 그러니 어느 정도 믿을 수 있는 정보인지를 판단하는 능력을 기르는 것도 중요해. 특히 광고의 경우 아주 싸게 판매하는 것 같은 느낌을 주지만 막상 알아보면 더 싸게 구할 수 있는 경우가 있거든. 게다가 제품의 성능을 지나치게 과장해서 홍보하고 판매하는 경우도 있으니까.

적절한 가격에 더 좋은 성능의 제품을 사는 것도 돈을 아끼는 방법이라 할 수 있겠네요! 아빠 말을 들으니까 정보가 돈이라는 말이 이해가 돼요.

이튿날의 일이에요.

엄마가 다림이에게 달걀을 사 오라고 심부름을 시켰어요.

"네, 다녀올게요."

다림이는 냉큼 대답하고 자리에서 일어섰지요.

"엄마, 내가 정보를 이용해서 번 돈은 나한테 주시는 거죠?"

"뭐? 무슨 말인지 모르겠지만 그렇게 하렴."

다림이는 집에서 가까운 슈퍼마켓 대신 옆 동네에 있는 할인마트까지 달려갔어요.

"유휴! 오늘 여기서 달걀을 세일한다는 정보를 미리 알아둔 게 다행이야!"

다림이는 싱글벙글 웃으며 할인마트 문을 열었지요.

돈을 많이 버는 미래 직업이 있을까요?

다림이네 동네에는 자전거를 타고 마을을 오가는 할아버지가 있어요. 할아버지는 나이가 지긋한데도 불구하고 자전거를 선수처럼 쌩쌩 잘 탄답니다.

"할아버지는 자전거를 어쩜 이렇게 잘 타세요?"

다림이가 슈퍼 앞에서 새로 나온 아이스크림을 먹다가 할아버지를 보고 물었어요.

"예전에 내가 자전거 고치는 일을 했거든. 그리고 우리 아버지는 인력거를 끄는 인력거꾼이었지."

"인력거가 뭔데요?"

"지금은 사라진 마차 같은 거란다. 바퀴 달린 마차를 자전거나 사람이 끌고 달리는 거지. 우리 아버지는 인력거를 끌고 안 달려 본 곳이 없었단다."

"우아, 재미있겠다! 그런데 그게 왜 사라졌어요?"

다림이의 물음에 할아버지가 옛날 생각을 하는지 조금 아련한 표정을 지었어요.

"그야 지금은 자동차도 넘쳐나고, 택시, 자전거, 오토바이 같은 탈것이 많으니까. 내가 자전거 가게를 닫은 이유도 퀵보드나 전기 자전거 같은 새로운 탈것들이 생겨서 점점 자전거를 타는 사람이 줄어들었기 때문이란다."

"세상이 변한 탓에 할아버지의 직업이 사라진 거로군요!"

"그래, 그렇다고 할 수 있지. 세상이 바뀌면 기존에 있던 직업 중에는 사라지는 것이 생기고, 또 완전히 새로운 직업이 생겨나기도 하지. 내가 젊을 때만 하더라도 컴퓨터 프로그래머 같은 직업은 없었어. 그런데 요즘은 그게 아주 인기가 좋다잖니."

할아버지의 말을 들은 다림이는 덜컥 겁이 났어요. 아빠의 직업이 사라지면 어떡하나 하는 생각이 들었던 거예요.

'윽, 만약 미래에 아빠가 다니는 회사가 사라지면 어떡하지? 그러면 아빠는 백수가 되고, 백수가 되면 월급을 못 받을 테고, 월급이 없으면 우리 집은 가난해질 텐데! 으악!'

여기까지 생각한 다림이는 아빠에게 헐레벌떡 뛰어갔어요.

다람이의 행복한 돈 스터디

아빠, 머지않아 택시 기사나 버스 기사 같은 직업이 사라질 거래요. 자동으로 움직이는 드론 택시가 생기고, 사람이 운전하지 않아도 되는 무인 버스가 생길 거라지 뭐예요.

요즘 패스트푸드점에 가면 주문을 받는 직원이 없잖아. 키오스크를 이용해서 주문하면 그게 바로 주방으로 전송이 되거든. 예전에는 "손님, 무얼 드시겠습니까?" 하고 물어주는 사람이 있었는데 이젠 더 이상 그런 사람을 쓸 필요가 없는 세상이 되어 버린 거지.

그래, 미래에는 새로 생기는 직업도 많아질 거고, 지금 있는 직업이 사라질 수도 있을 거야. 요즘은 택배 배달하는 사람이 꽤 많지만, 머지않아 이 직업도 사라지게 될 거라고 해. 사람이 직접 짐을 나르는 대신 드론이나 로봇이 일을 대신할 테니까.

 윽, 내가 열심히 기술을 배우고 일할 준비를 했는데 그 직업이 사라진다면 너무 속상할 것 같아요!

그렇다면 미래에 어떤 직업이 인기가 좋을까요?

미래에는 1인 방송이 지금보다 훨씬 더 활발해져서 디지털 영상 편집자라든지 그래픽 디자이너가 큰 인기를 끌 거라고 해. 또 인터넷 중독 상담사나 게임 중독 상담사 같은 직업도 아주 중요한 일을 할 거래. 로봇을 만드는 과학자나 기술자도 아주 인기가 좋아지겠지.

생각해 보니 미래에는 컴퓨터를 다루거나 정보를 다루는 직업이 인기가 있을 것 같아요.

컴퓨터 기술자, 정보를 관리하는 정보 시스템 관리사, 컴퓨터 바이러스를 치료하는 컴퓨터 의사 같은 직업도 아주 인기가 있을 것 같아.

미래에는 생명 공학도 더욱 발전할 거야. 그러면 인공 장기를 만드는 '조직 공학자'나 사람들의 유전자를 분석해서 병을 미리 막거나 치료하는 '유전자 프로그래머' 같은 직업도 인기가 좋겠지.

맞아요. 그리고 우주 비행사나 우주 관광 가이드 같은 직업도 생겨날 거예요. 우주 공학도 점점 발전할 테니까요.

노인들을 위한 일을 하는 사람도 많아질 거래요. 미래에는 병을 고치는 기술이나 새로운 약이 개발되어 오래 사는 사람들이 크게 늘어날 테니까요.

이렇게 보니까 사라지는 직업도 많지만 새로 생겨날 직업도 많네요.

미래 세상은 지금과는 아주 다른 환경이 될 거란다. 그러니 미리미리 새로운 직업에 적응할 수 있도록 준비해야겠지! 머지않아 로봇과 인간이 공존하며 살아가는 시대가 올 거야. 그때를 대비해 나는 어떤 일을 할 것인지를 곰곰이 생각해 보는 게 중요한 것 같아.

"아빠, 난 아빠가 언제나, 무조건 자랑스러워요!"

다림이가 아빠를 꼭 껴안았어요.

"얘가 갑자기 왜 이래?"

아빠는 다림이의 얼굴을 빤히 바라보았지요.

"아빠가 혹시 미래에 로봇에게 직업을 뺏겨 백수가 되면 어쩌죠? 미래를 대비해서 지금 미리 용돈을 많이 주시면 안 될까요?"

"뭐라고, 미래 직업을 이렇게 써 먹나?"

다림이의 말을 들은 아빠는 웃음을 터트릴 수밖에 없었어요.

미래의 유망 직업 리스트

☆ 가상 공간 디자이너
☆ 윤리 기술 전문가
☆ 디지털 문화 해설가
☆ 프리랜스 바이오 해커
☆ 사물인터넷 데이터 분석가
☆ 우주 여행 가이드
☆ 개인 콘텐츠 큐레이터
☆ 생태 복원 전문가
☆ 지속 가능한 에너지 개발자
☆ 인간 신체 디자이너

네 번째 부자 수업

돈이 저절로 불어난다고요?

이자를 알면 부자가 될 수 있다고요?

다림이는 설날에 받은 용돈을 어떻게 할까 고민하다가 돼지저금통에 넣어 두었어요. 돈을 쓰고 싶었지만, 꾹 참고 또 참았지요. 가지고 싶은 게임기를 사려면 돈이 더 필요했기 때문이에요.

그러던 어느 날, 다림이는 친구인 미나가 새로 산 게임기를 자랑하는 모습을 보았어요.

"우아, 미나야! 정말 멋지다! 엄마가 사 줬어?"

"아니, 내가 그동안 힘들게 모은 돈으로 산 장난감이야. 그래서 그런지 더 좋은 것 같아."

"이 게임기 엄청 비싸다고 들었는데! 그 많은 돈을 다 모으다니! 힘들지 않았어?"

다림이의 말에 미나가 생긋 미소를 지었어요.

"처음에는 좀 힘들었는데 이자가 솔솔 붙는 재미가 있더라고."

"이자?"

다림이는 고개를 갸웃했어요.

"그래, 내가 은행이나 다른 곳에 돈을 맡기는 대신 받는 돈 말이야. 하긴, 나는 은행이 아니라 좀 특별한 곳에 맡기긴 했지."

"대체 어디에 맡겼는데?"

"비밀이야!"

미나가 눈을 찡긋하더니 어디론가 쌩 가 버리지 뭐예요.

다림이는 대체 미나가 어디에 어떻게 돈을 맡겨서 이자를 받은 것인지 궁금해서 견딜 수가 없었어요.

그날 저녁, 다림이는 삼촌에게 소곤소곤 물었지요.

"삼촌, 혹시 말이야, 돈을 맡기면 이자를 많이 주는 곳이 어딘

지 알고 있어?"

"그런 곳이 있으면 나도 좀 맡기고 싶다. 요즘은 은행 금리가 낮아 돈을 맡겨 봤자 이자를 받는 건지 마는 건지 알 수가 없다니까. 하긴, 그 덕에 대출할 때는 좀 편리하지."

"은행에 돈을 맡기면 이자가 많이 싸?"

"그래, 2퍼센트 미만인 곳도 수두룩하다고. 내가 1,000원을 맡기면 1년에 20원밖에 못 받는 거야."

"에게, 2원을 어디다 써? 그걸로는 게임기 근처에도 못 가겠다."

다림이는 대체 미나가 어떻게 높은 이자를 받아 게임기를 살 수 있었는지 궁금해 견딜 수가 없었어요.

 다림이의 행복한 돈 스터디

 아빠, 은행 금리가 오르면 서민들의 생활이 힘들어진다는 뉴스를 본 적이 있어요. 금리가 뭐고, 그게 우리 생활이랑 도대체 무슨 관련이 있는 거예요?

은행은 돈을 맡기기도 하고 빌릴 수도 있는 곳이지. 은행은 누군가 돈을 맡기면 필요한 다른 사람에게 그 돈을 빌려줘. 이때 돈을 맡긴 사람과 은행은 돈을 빌려간 사람에게 일정한 비율만큼 돈을 받게 되는데 이걸 '이자'라고 하지.

그리고 돈을 빌린 사람이 은행에다 주는 이자의 폭을 '금리'라고 하는 거야. 아빠, 맞죠?

그래, 다연이가 잘 아는구나. 예를 들어 다연이와 다림이가 A은행에 똑같이 1,000만 원을 맡겼다고 치자. 그래도 돈을 맡긴 기간이나 방법, 금리 산정(셈하여 정함) 방식 등에 따라 이자가 달라질 수 있어.

똑같은 돈을 맡겨도 이자가 다를 수 있다니 이상하네요.

 아, 복잡해요. 나는 벌써부터 머리가 아파요.

하하, 이자는 계산하는 방법에 따라 단리와 복리로 나눌 수 있어. 단리는 원래 맡긴 원금에 대해 일정한 비율만큼 이자를 주는 방식이지. 만약 1,000만 원에 대해 5퍼센트의 이자를 10년 동안 단리로 받는다고 가정해 보자. 1,000만 원의 5퍼센트는 50만 원이니까 매년 50만 원의 이자를 받을 수 있어.

만약 10년 동안 단리로 이자를 받게 되면 10년 동안 모두 500만 원의 이자를 받게 되겠네요? 우아, 그럼 10년 후 내가 가진 돈의 총액은 1,500만 원이 되는 거잖아!

그게 단리 방식이고, 복리는 원금뿐 아니라 불어나는 이자에 대해서도 이자를 계산하는 방법이야.

 복리가 더 좋은 거 같아요.

자, 똑같이 1,000만 원에 대해 5퍼센트의 이자를 10년 동안 받는다고 가정해 보자. 단, 이자 계산 방법은 복리를 선택해야 해. 그럴 때 1년이 지나면 단리와 똑같이 50만 원의 이자를 받을 수 있지. 하지만 2년째부터 복리의 이자는 달라져. 1년 후 총액인 1,050만 원에 대해 다시 5퍼센트의 이자를 계산하니까. 2년이 되었을 때 총액은 1102만 5000원이 되겠지? 그렇게 10년 동안 복리로 계산하게 되면 총액은 1628만 8900원이 되는 거야.

우아, 복리로 계산하면 더 큰 돈을 벌 수 있구나!

그런데 그만큼 오래 저금을 해야 하는 거잖아요.
윽, 그걸 언제 기다려!

이튿날 미나는 다림이에게 이자를 받는 곳이 어딘지 얘기해 주었어요. 바로 미나의 엄마가 이자를 주는 분이었던 거예요.

"난 그동안 받은 세뱃돈을 은행에다 맡기지 않고 엄마한테 모두 맡겼어. 엄마가 복리로 이자를 계산해 준다고 약속하셨거든. 다림아, 너도 엄마한테 복리로 이자를 달라고 얘기해 봐."

"피, 네가 뭘 모르나 본데 우리 엄마한테 한번 들어간 세뱃돈은 다시 나오지 않아. 우리 엄마는 내 세뱃돈을 몽땅 다 써 버리고 시치미를 뚝 뗄걸. 휴, 우리 엄마도 너네 엄마처럼 계산이 정확한 분이면 좋을 텐데……."

다림이는 바람 빠진 풍선처럼 한숨을 내쉬었어요.

환율 때문에 돈의 가치가 떨어진다고요?

"다림아, 이 할머니 일을 도와주면 심부름 값을 주마. 도와주겠니?"
"좋아요!"
다림이는 얼른 고개를 끄덕였어요.
할머니가 다림이에게 부탁한 일은 집 안에 있는 화분들을 마당까지 옮기는 것이었어요.
다림이는 땀을 뻘뻘 흘려 가며 화분을 옮겼지요.
일을 다 끝내자 할머니는 다림이에게 심부름 값을 주기 위해 지갑을 꺼냈어요. 다림이는 할머니가 지갑에서 지폐 한 장을 꺼내는 걸 슬쩍 보고 속으로 생각했어요.
'에계, 겨우 1,000원을 주시는 거야?'
1,000원짜리 한 장으로는 아이스크림 하나밖에 못 사 먹을 거라고 생각하니 괜히 서운했던 거예요.
"어? 이건 처음 보는 돈인데요?"
돈을 받은 다림이가 고개를 갸웃갸웃하자 할머니가 빙그레 웃으며 말했어요.

"그건 태국 돈이란다. 100바트이지. 우리나라 환율로 계산하면 아마 3,500원쯤 될 거야."

"우아, 이게 3,500원이란 말이죠?"

다림이는 이튿날 또 할머니 일을 도와드렸어요. 이번 일은 화분에 물을 주는 것이었어요. 아주 쉽고 간단한 일이었지요.

할머니는 화분에 물 주기를 끝낸 다림이에게 이번에는 1달러짜리 지폐 한 장을 주었어요.

"와, 이틀 동안 자그마치 7,000원이 넘는 돈을 벌었네? 신난다!"

다림이가 신이 나서 폴짝거리자 할머니가 고개를 가로저었어요.

"아니, 그건 우리 돈으로 바꾸면 1,183원 정도 한단다."

"엥? 어제는 금액이 아주 컸잖아요."

"환율은 나라마다 다르지. 미국 돈인 달러로는 1달러가 1,183원 남짓이고, 태국 돈인 바트로는 100바트가 3,500원 정도란다."

환율이라는 말에 다림이는 고개를 갸웃했어요.

다림이의 행복한 돈 스터디

예전에 우리나라에 외환 위기가 온 적이 있어. 그 당시 한국의 경제 상황은 최악이어서, 외국에서 빚을 내야 할 형편이었지. 우리나라 경제 상황이 나빠지자, 외국 돈에 비해 우리나라 돈의 가치는 급격히 떨어졌어.

알아요. 그땐 미국 돈 1달러가 우리나라 돈으로 1,600원까지 갔었다면서요?

 그럼 미국에서는 우리나라 물건을 엄청나게 싸게 살 수 있는 거잖아! 그럼 수출이 더 잘 될 테고, 오히려 좋은 거 아닌가?

그것만 생각해선 안 되지. 그때 외국으로 유학을 떠났던 많은 학생이 환율 때문에 귀국해야만 했단다. 한국에서 외국으로 보내던 생활비와 학비가 급격하게 높아져 감당할 수 없었기 때문이야.

하긴, 외국 사람들은 우리나라 물건을 싸게 살 수 있으니 좋겠지만 우리나라 사람들은 그만큼 제대로 된 값을 못 받고, 또 비싼 값을 주고 외국 물건을 사야 하니 피해가 엄청났겠네요.

 그냥 우리나라 돈 1,000원은 미국 돈 1달러, 이렇게 정해 두면 편할 텐데!

각 나라의 돈은 모두 같은 가치를 갖고 있지 않단다. 1달러와 우리나라 돈 1원으로 살 수 있는 물건은 크게 차이가 나지. 그래서 외국 돈과 우리 돈을 맞바꿀 때는 비슷한 가치만큼 서로 교환을 하는데, 이것을 '환율'이라고 해.

돈이 마치 살아 있는 생물 같네요. 주변 상황에 따라 가치가 커지기도 하고 떨어지기도 하잖아요.

맞아, 우리나라 경제가 안정되고 튼튼할 때 우리 돈의 가치는 올라가. 하지만 경제가 불안하거나 북한과의 관계가 좋지 않을 때, 심각한 재난이 일어났을 때 우리나라 돈의 가치가 떨어지지. 가치가 올라가게 되면 조금만 주고도 많은 양의 외국 돈과 바꿀 수 있지만, 가치가 떨어질 때는 오히려 우리 돈을 더 많이 주어야 외국 돈과 바꿀 수 있단다.

맞아요, 예전에 일본 엔화가 우리나라 돈보다 엄청 비쌌다는 말을 들은 적 있어요.

요즘은 아니야. 엔화 가치 하락으로 마음만 먹으면 일본 여행을 싸게 갈 수 있다는 광고가 나오잖아.

외국 돈과 우리 돈을 맞바꾸는 것은 '환전'이라고 해. 해외여행 갈 때 공항에 있는 은행에서 환전하는 것을 봤지? 은행에 가도 벽면에 있는 환율표를 보면 각 나라 돈의 가치를 볼 수 있도록 달러로 표시되어 있고, 살 때와 팔 때의 가격을 함께 알아보도록 되어 있어.

"잠깐! 그럼 달러가 제일 쌀 때 샀다가 비쌀 때 바꾸면 그만큼 돈을 버는 거잖아요?"

"적은 돈을 교환할 때는 별로 차이가 안 나겠지만 금액이 커지면 그만큼 차이가 크게 날 것 같은데? 야, 우리 용돈을 모아서 달러로 바꿀래?"

"글쎄, 요새 달러 가치가 좀 올라서……."

"다림아, 이 지폐들은 할머니한테 모두 소중한 것이란다. 1달러짜리 지폐는 할아버지랑 처음 미국으로 여행 갔을 때 바꿔 두었던 돈이고, 100바트짜리 태국 돈은 우리 가족 모두 태국으로 관광을 갔을 때 바꾼 건데 기념으로 남겨 둔 거란다."

"그걸 저한테 주신 거예요?"

"할머니의 소중한 추억을 잘 간직해 주렴!"

다림이는 어쩐지 마음이 뭉클해지는 듯했어요.

할머니의 말을 듣고 나니 '당장 은행에서 돈을 바꾸어 슈퍼로 달려가야지.' 하던 마음이 사라졌지요.

은행에 저축한 돈도 위험할 수 있어요?

다림이네 집 옆에는 2층짜리 양옥 주택이 있어요. 엄마한테 듣기로는 아주 오래전에 지어진 집이래요.

예전에는 식구가 무척 많이 살았다는데, 지금은 모두 다른 곳으로 떠나고 할머니 혼자 집을 지키고 있지요.

옆집 할머니는 매일 아침 7시가 되면 음악을 크게 틀어 놓고 마당에서 이것저것 일을 한답니다.

다림이랑 삼촌은 일요일에도 어김없이 들려오는 음악 소리를 들으며 인상을 팍 찌푸렸어요.

"으, 일요일에는 늦잠을 자야 하는데!"

"할머니가 틀어 놓은 음악 소리 때문에 잘 수가 없네!"

삼촌은 더는 못 참겠다며 자리에서 벌떡 일어났어요. 다림이도 삼촌을 쫓아 부랴부랴 나갔지요.

"할머니, 음악 소리 좀 줄여 주세요!"

"뭐라고?"

"시끄러워서 잠을 잘 수가 없다고요! 다른 날은 몰라도 일요일에는 음악 좀 작게 틀어 주세요!"

"뭐어?"

할머니는 소리가 잘 들리지 않는 듯했어요. 그래서 음악을 들으려고 소리를 크게 틀었던 것이지요.

삼촌은 더 이상 이야기해 봐야 소용없을 것 같다며 터덜터덜 집으로 들어가 버렸어요.

다림이는 마당 한쪽에 서서 쭈뼛쭈뼛 눈치를 보다가 할머니가 하는 일을 보고 멈칫했어요.

'헉, 저, 저건 돈이잖아?'

다림이가 발견한 건 구깃구깃한 만 원짜리, 천 원짜리 돈 뭉치였어요. 옆집 할머니가 마당에 있는 큰 나무 아래에다 돈을 묻고 있었던 거예요.

"삼촌, 삼촌! 나 엄청난 걸 발견했어!"

다림이는 집 안으로 신발을 벗고 들어가기 무섭게 삼촌에게 자신이 본 것을 일러바쳤어요.

"옆집 할머니는 왜 돈을 은행에다 안전하게 맡기지 않고 나무 아래에다 묻어 두신 거지? 저러다 도둑이라도 맞으면 어쩌려고! 하여간 특이한 할머니셔."

삼촌은 이해할 수 없다며 고개를 갸웃했어요.

# 다림이의 행복한 돈 스터디

아빠, 뉴스를 보니까 외국에 있는 어떤 은행이 망했대요. 그래서 돈을 찾으려는 사람들이 새벽부터 긴 줄을 서 있더라고요.

에이, 은행이 어떻게 망할 수 있어?

아니, 은행도 망할 수 있지. 은행 역시 기업이니까. 어느 기업이든 수익이 떨어지고 시장이 불안해지면 위험해질 수 있지.

은행이 망할 수 있다고요? 그럼 은행에 돈을 맡긴 사람들은 어떻게 되는 거예요?

설마 돈을 못 돌려받는 건 아니겠죠?

그럴 수도 있지. 우리나라에서도 은행이 문을 닫은 적이 있어. 지난 2011년에는 대출 및 위험 자산 투자로 30개 정도 되는 상호 저축 은행이 영업 정지를 당했었지.

윽, 그럼 돈은 어떡해요?

정부의 영업 정지 발표 후 불안해진 고객들은 은행으로 몰려들었고, 순식간에 은행에 쌓여 있던 돈이 빠져나갔어. 이렇게 갑자기 은행에서 많은 돈이 인출되는 현상을 '뱅크런'이라 부르는데, 그렇게 되면 영업 정지를 당한 은행들은 아예 파산될 수도 있지.

은행이 망하면 내가 은행에 저축한 돈도 모두 사라지는 건가요?

그걸 막기 위해 우리나라는 1997년부터 '예금자 보호법'을 시행하고 있단다. 이 법 덕분에 사람들이 안심하고 은행에 돈을 맡길 수 있지.

은행이 파산했는데 누가 내 돈을 돌려주는 거죠?

만약의 경우를 대비해 보험을 들면 보험 회사에서 그 돈을 지급하는 거지. 우리나라 은행들은 '예금 보험 공사'라는 곳에 보험을 들어 놓는단다. 만약의 경우를 대비해 부도가 나더라도 예금주들의 돈은 돌려줄 수 있도록 조치를 취해 놓는 거지.

 휴, 다행이네요!

그런데 예금자 보호법에 따라 돌려받을 수 있는 금액은 한 사람당 5,000만 원까지야. 5,000만 원의 한도를 넘어선 금액은 돌려받지 못하지.

그렇다면 5,000만 원보다 많은 돈을 은행에 넣어 두면 안 되겠네요?

에이, 그게 무슨 걱정이야. 넌 5만 원도 없는데.

나중에 말야! 여러 은행에 5,000만 원씩 나누어 보관하면 되나요? 그러면 돈이 많더라도 안전하게 보상받을 수 있겠죠?

그것도 방법이긴 하지. 예금자 보호법으로 보호받을 수 있는 금융 기관은 은행, 증권사, 종합 금융사, 보험 회사, 상호 저축 은행만 해당한단다. 새마을금고나 신협, 축협 같은 곳은 포함되지 않아.

이래서 은행을 신중하게 택해야 하는 거로군요!

　다림이는 옆집 할머니에게 돈을 마당에 숨겨 두지 말라고 말했어요. 그러자 할머니는 그동안 숨겨 왔던 비밀을 꺼내 놓았지요.

　"나는 글을 읽을 줄 몰라서 은행에서 통장을 만들지 못했어."

　"할머니, 그런 거라면 제가 한글을 가르쳐 드릴게요!"

　다림이는 옆집 할머니의 손을 꼭 붙잡으며 말했어요. 그 말을 들은 옆집 할머니는 몹시 기뻐했지요.

내 용돈 빼고 왜 다 오르는 기분일까요?

"엄마, 용돈!"

다림이는 손바닥을 앞으로 쭉 내밀었어요. 그러자 엄마가 일주일 치 용돈을 주었지요.

"애걔, 또 3,000원이야?"

"얘 좀 봐, 3,000원이 뭐 어때서? 이것도 엄청 큰돈이라고!"

엄마의 핀잔에 다림이는 입술을 삐죽거렸어요.

엄마가 어릴 때는 3,000원으로 할 수 있는 일이 많았겠죠. 그때는 구슬이 하나에 10원, 과자가 하나에 100원, 아이스크림이 50원이었다고 하니까요.

하지만 요즘은 3,000원으로 할 수 있는 일이 정말 없어요. 봉지에 든 과자 하나가 2,000원, 아이스크림이 1,000원, 떡볶이가 1인분에 2,000원이라고요.

"피, 엄마는 물가를 몰라도 너무 몰라."

엄마는 그런 다림이를 향해 무조건 아껴 쓰라고만 말했어요.

이튿날, 다림이는 엄마랑 같이 시장에 갔어요. 엄마는 대파를 들었다 놨다, 양파를 들었다 놨다, 고기를 살까 말까 망설였지요.

"엄마, 아까부터 왜 아무것도 사지 않는 거야?"

"예전에는 대파가 한 단에 3,000원이었는데 지금은 5,000원으로 뛰었네. 고기 값도 비싸지고……."

엄마는 돈 1만 원으로는 더 이상 살 게 없다며 한숨을 내쉬었어요.

"엄마, 물가는 이렇게 자꾸 오르는데 왜 아빠 월급은 오르지 않는 걸까요?"

"그러게나 말이다. 엄마가 너희 아빠가 다니는 회사 사장이라면 아빠 월급을 팍팍 올려 줄 텐데……."

"그럼 내 용돈은 왜 안 오르는 거야? 물가가 이렇게 올랐는데!"

"그, 그건……."

엄마는 갑자기 목이 마르다며 주위를 두리번거렸어요.

다림이의 행복한 돈 스터디

아빠, 요즘은 용돈 빼곤 모든 게 다 올랐어요!

맞아, 친구들하고 영화 한 편 보고 나면 용돈이 반으로 훅 줄어든다니까요! 물가가 오른 만큼 용돈도 올려 주셔야 하는 거 아니에요?

너희들 물가가 뭔지는 알고 있니?

물가는 물건 값을 말하는 거잖아요.

엄밀히 말해서 물가란 물건 하나하나의 개별 값이 아니라, 여러 물건의 값을 더하여 평균을 구한 값이지. 물가는 돈의 가치를 결정짓는 중요한 요인 중 하나란다.

물가가 돈의 가치를 결정짓는다고요?

그래. 물가가 돈의 가치를 높이기도 하고 떨어뜨리기도 하지.

어떻게요?

같은 돈을 가지고도 물가가 오르면 살 수 있는 물건의 양이 줄어들고, 물가가 낮아지면 살 수 있는 물건의 양이 늘어나게 되겠지? 경제가 어려운 국가일수록 높은 물가 상승을 겪는다는 뉴스를 자주 보게 될 거야.

그러고 보니 언젠가 뉴스에서 베네수엘라에서는 빵 하나를 사려면 돈을 한 박스 들고 가야 한다는 말을 들은 것 같아요.

라면 하나가 요즘 얼마나 하지? 대충 라면 값을 1,000원이라고 치자. 그런데 물가가 100퍼센트 오르면 라면 값은 2,000원이 되겠지? 예전에는 1,000원만 있으면 라면 하나를 사 먹을 수 있었지만, 물가가 오르면 1,000원으로는 라면 반 개밖에 못 사 먹는 거야.

돈의 가치는 떨어지고 물건 값은 오른 거죠.

도대체 물가는 왜 오르는 거예요? 그냥 제자리에 있으면 좋을 텐데……

물가 상승에는 수요와 공급의 원칙을 벗어난 여러 가지 원인이 존재한단다. 우선 물가가 오르는 까닭은 상품이나 서비스가 움직이는 시장에 돈이 많이 풀렸기 때문이지. 시장에 돈이 많아지면 돈의 가치는 떨어지고 물건의 가격은 올라가. 시장에 돈이 많아진 만큼 사람들은 물건을 더 사려고 하지만, 물건의 공급이 이를 따라가지 못할 때 더 빠르게 물가는 오르지.

시장에 풀린 돈과 상관없이 물가가 오르기도 하나요?

생산 비용이 늘어나면 물건 값이 올라갈 수 있지. 우리나라의 경우 100퍼센트 석유를 수입해서 사용하고 있잖니. 그런데 중동에서 전쟁이 일어나 석유 가격이 올랐다고 생각해 보자. 석유를 원료로 사용하는 모든 물건 값은 사람들이 찾든 안 찾든 가격이 올라갈 수밖에 없겠지?

전 세계의 물가가 안정되면 모두 생활하기 편할 텐데, 세계 물가를 안정시키는 히어로는 없는 걸까요?

"엄마도 시장에 가면 1만 원으로 살 게 없다고 얘기하잖아요. 나도 마찬가지라고요. 내 용돈으로는 너무 빠듯해요!"

다림이는 엄마한테 용돈을 올려 달라고 졸랐어요. 그러자 엄마는 한참 만에 고개를 끄덕끄덕했지요.

"정말 올려 주는 거예요?"

"대신 엄마도 조건이 있어. 올라간 용돈만큼 네 시험 성적도 올리는 거란다. 어때? 그럼 공평하지?"

"윽, 그럼 안 올려 주셔도 좋아요."

다림이는 엄마의 눈을 피하여 슬금슬금 다른 곳으로 도망치듯 내뺐어요. 용돈을 아껴 쓰는 것보다 성적 올리는 일이 불가능하다는 걸 알았거든요.

다섯 번째 부자 수업

투자는
어떻게 할까요?

저축과 투자는 어떻게 다를까요?

오늘은 다림이가 용돈을 받는 날이에요.

평소라면 다림이는 용돈을 받자마자 슈퍼로 달려갔을 거예요. 하지만 이번에는 슈퍼 대신 방으로 쏙 들어갔어요.

다림이는 비밀스런 표정으로 서랍 속에서 무언가를 꺼냈어요. 그건 고추장 따위를 담을 때 쓰는 조그마한 항아리였지요.

"자, 항아리야, 항아리야, 제발 내 소원을 들어줘!"

다림이는 항아리 속에 용돈을 집어넣고 간절하게 빌었어요.

그때 삼촌이 방문을 벌컥 열고 들어왔지 뭐예요.

"까, 깜짝이야!"

"다림아, 지금 뭐 하니?"

"그, 그냥, 돈을 여기다 저축하려고!"

다림이는 시치미를 뚝 떼고 말했어요.

"저축을 왜 거기에다 해? 삼촌이 저금통 하나 사 줄까?"

삼촌의 말에 다림이는 '쉿!' 하고 손가락으로 입을 가렸어요. 그리고 눈치를 살피다가 소곤소곤 아주 조심스럽게 말했지요.

"삼촌, 이건 보통 항아리가 아니야. 요술 항아리야."

"요술 항아리?"

"전래 동화에 보면 동전 한 닢을 넣으면 두 닢이 되고, 두 닢을 넣으면 네 닢이 되어 나오는 그 신기한 항아리 얘기가 있잖아. 이게 바로 그 요술 항아리야."

"저, 정말?"

삼촌의 눈이 휘둥그레졌어요.

다림이는 고물상 할아버지가 자신을 도와준 다림이가 기특해 요술 항아리를 선물로 주었다고 얘기했어요.

"다림아, 돈은 언제 두 배가 되는 거야?"

삼촌이 묻자 다림이는 주변을 두리번두리번 살폈어요. 그리고 아무도 없다는 걸 확인하고서야 조심스럽게 입을 열었지요.

"고물상 할아버지가 그러시는데, 돈을 넣고 항아리를 꼭 막아 두면 언젠가 두 배가 된대."

"그래? 그랬단 말이지?"

다림이의 말에 삼촌도 무척 구미가 당기는 표정이었어요.

항아리에 돈을 넣어 둔 지 일주일이 지났어요.

 **다림이의 행복한 돈 스터디**

아, 어떻게 해야 부자가 될 수 있을까? 난 정말 부자가 되고 싶어.

그러려면 돈을 아껴 써야지. 너처럼 용돈을 받자마자 써 버리면 무슨 수로 부자가 되겠니?

옳거니, 맞는 말이야. 우연히 로또 같은 복권에 당첨되는 건 아주 힘든 일이고, 한 번에 몇십 억씩 되는 돈을 버는 사람은 극히 드물어. 결국 내가 번 돈을 잘 키워서 그 양을 늘리는 수밖에 없지.

그걸 누가 몰라서 그래요? 내가 버는 돈은 적은데, 돈은 많았으면 좋겠으니까 그러죠.

돈을 키우는 가장 쉬운 방법은 번 돈을 쓰지 않고 아껴서 저축하는 방법밖에 없어. 은행에 돈을 저축하면 원금 손해를 보지 않고 이자 수익으로 안전하게 돈을 키울 수 있으니까.

윽, 그건 너무 슬픈 방법인 것 같아요. 은행에 돈을 넣어 두면 쥐똥만 한 이자밖에 못 받잖아요.

좀 더 빨리 돈을 늘리는 방법도 있긴 하지.

 그 방법이 대체 뭔데요?

바로 투자란다. 투자는 어떤 일이나 사업에 돈이나 시간을 투입하여 이익을 얻으려는 행동이야. 저축이 돈을 빌려주고 이자를 받는 것이라면 투자는 무엇인가를 사서 이익을 얻는 행위라 볼 수 있지.

투자랑 저축은 뭐가 다른 거예요?

가장 큰 차이점은 돈을 얼마나 벌 수 있는지 아는 시점이 다르다는 것이지. 저축은 이자가 정해져 있으니 돈을 맡기면 어느 정도 기간 동안 얼마만큼을 벌 수 있는지 알 수 있어. 하지만 투자는 투자가 끝날 때가 되어서야 알 수 있지. 투자는 내가 산 것을 다시 팔아서 돈으로 바꾸어야 최종 이익을 확인할 수 있거든.

저축은 대부분 원금을 보장해 주는 것이니 안전하지만 투자는 시장의 흐름에 따라 달라질 수 있으니 위험한 거죠?

그렇지! 만약 주식이나 부동산에 투자했다고 가정해 보자. 투자로 이익을 얻는다는 것은 내가 산 가격보다 비싼 가격에 판다는 것이잖니? 살 때보다 낮은 가격으로 주식과 부동산을 팔면 오히려 손해를 보게 돼. 원금보다 낮아진 가격만큼 손해를 보기 때문에 원금을 까먹게 되는 거지.

 대신 투자는 큰돈을 벌 기회이기도 하잖아요. 나는 저축보다는 투자를 하고 싶어요.

그러다가 투자에 실패해서 손해를 입으면? 그러면 난 못 견딜 거야!

돈을 키우는 방법으로 저축을 선택하느냐, 투자를 선택하느냐 하는 것은 선택하는 사람이 얼마나 위험을 감수할 수 있는지 정도에 달려 있단다.

다림이는 조심스럽게 항아리 뚜껑을 열어 보았지요. 하지만 돈은 처음 넣어 둔 액수 그대로였어요.

화가 난 다림이는 쿵쾅쿵쾅 발을 굴러 가며 고물상으로 달려갔어요.

"할아버지, 이 요술 항아리에 돈을 저축해 두면 언젠가 부자가 될 거라면서요!"

"그래, 그랬지."

"그런데 왜 돈이 그대로예요?"

다림이가 씩씩거리며 묻자 할아버지가 머리를 긁적이며 대꾸했어요.

"내가 말한 언젠가는 아주 먼 미래를 말하는 거란다. 100년쯤 뒤엔 지금 돈이 아주 희귀한 화폐가 되어서 값이 더 나가게 될 거야."

"100년이라고요?"

실망한 다림이는 털썩 주저앉고 말았어요.

투자와 투기는 무엇이 다를까요?

"헉, 헉, 헉!"

어디선가 거친 숨소리가 들려왔어요.

다림이는 고개를 두리번거리며 소리 나는 쪽을 찾았지요. 그때 또다시 "끄응차-끙!" 하는 소리가 이어졌어요.

소리가 난 곳은 삼촌의 방이었지요.

"삼촌, 뭐 하는 거야?"

다림이는 방문을 열고 고개를 내밀었어요. 그러자 팔 굽혀 펴기를 하는 삼촌의 모습이 보였지요.

"지금 나는 내일을 위해 나에게 투자하고 있는 거야. 두고 봐, 이제부터 매일매일 나에게 투자할 거야."

"투자? 그건 돈으로 하는 거 아니었어?"

삼촌은 다시 힘겹게 팔을 굽혔다 폈어요.

"모르는 말씀! 투자라고 무조건 돈만 투자하는 게 아니야. 이득을 기대하며 하는 모든 활동이 투자인 거지."

삼촌은 열심히 운동해서 몸짱이 될 거라고 했어요. 그러면 멋진 몸매를 보고 사람들이 감탄할 거랬지요.

"흐흐흐, 결혼도 하고, 예쁜 아기도 낳고, 잘 사는 게 삼촌의 큰 그림이지."

"글쎄, 그게 과연 잘 될까?"

다림이는 시큰둥한 표정으로 삼촌 방을 나왔어요.

아니나 다를까, 작심삼일이었지요. 삼촌은 사흘도 안 돼 더는 운동을 하지 않았어요. 다림이는 삼촌에게 왜 운동을 하지 않느냐고 물어보았어요.

"투자할 때도 이익이 보장되어야 하는 거잖니? 이익이 전혀 없는데 돈을 투자하는 건 바보겠지?"

"아마도?"

"내 몸은 운동에 전혀 반응하지 않는 몸이라는 걸 깨달았어. 근육이 전혀 생기지 않는 몸인 거지. 그런데 뭐 하러 투자를 하겠어? 그냥 두는 게 낫지."

삼촌은 과자를 한 줌 집어 우걱우걱 먹으며 대꾸했어요.

"에휴, 꿈보다 해몽이 좋네."

다림이는 고개를 설레설레 저었어요.

 다림이의 행복한 돈 스터디

아빠, 엄마가 그러는데 헤나미용실 아줌마는
투자에 성공해서 집을 세 채나 샀대요.

우아, 그럼 그 아줌마는 엄청 부자가 되었겠네?

얘들아, 그건 투자가 아니라 투기란다.
부동산 투기. 헤나미용실 사장님은 기회를 틈타 큰 이익을
남길 욕심에 무리를 해서 집을 샀어. 그런 투기는
당장은 큰돈을 벌 수 있을지 모르지만 자칫하면
큰 손해를 입을 수 있는 아주 위험한 일이야.

주식을 샀다 팔았다 하는 건 투자라고 하면서 집을 샀다
팔았다 하는 건 왜 투기라고 하는 거예요?

그러게. 투자와 투기는 모두 무엇인가를 사서
더 큰 이익을 얻으려는 경제 활동이잖아요. 그런데 무슨
기준으로 어느 쪽은 투자, 어느 쪽은 투기라 부르는 거죠?

투자와 투기를 구분 짓는 가장 큰 차이는 물건을
사는 이유지. 투자의 경우는 생산 활동을 위해 물건을
사지만, 투기는 돈을 벌기 위해 물건을 산단다.

주식이나 펀드를 사는 것도 돈을 벌기 위해서니까 주식 투
자, 펀드 투자가 아니라 투기라고 해야 하는 거 아닌가요?

그러게, 헷갈리네.

쉽게 설명해 줄게. 아빠가 땅을 샀다고 가정해 보자. 그 땅 위에 공장을 지어 물건을 만들려고 했다면 그건 생산 활동을 위한 것이니까 투자지. 하지만 땅값이 오르는 것을 기대해 땅을 샀다면 그 행위는 투기가 돼.

 아하, 헤나미용실 아줌마가 집을 산 건 거주하기 위해 산 것이 아니라 집값이 오를 것을 생각해서 산 것이니까 부동산 투기로 보는 거군요?

그럼! 주식도 마찬가지란다. 성장 가능성이 있는 회사의 주식을 구입해서 함께 성장해 간다면 그것은 투자지만, 짧은 시간 안에 돈을 벌기 위해 주식 가격의 흐름만 보고 주식을 사고판다면 그것은 투기가 되는 것이지.

투기와 투자

이익을 얻기 위해 어떤 일이나 사업에 자본을 대거나 시간이나 정성을 쏟는 거예요. 하지만 투기는 기회를 틈타 큰 이익을 보려는 행위를 말해요. 투자는 경제의 지속 가능 발전을 위한 생산적 활동이지만 투기는 개인의 이기적 욕구를 충족하기 위한 비생산적 활동이랍니다.

그날 저녁, 식사 시간의 일이에요.

뉴스에서 부동산 투기업자들이 늘어났다는 소식이 흘러나왔지요. 아빠는 그 뉴스를 보며 혀를 끌끌 찼어요.

"정직하게 노력해서 돈을 벌어야지 한꺼번에 많은 돈을 벌려고 부동산 투기를 하다니!"

그 말을 들은 다림이가 중얼거렸어요.

"에이, 우리 집에는 근육 투기를 하는 사람도 있는걸요."

"어? 근육 투기?"

아빠가 다림이를 보고 고개를 갸웃했어요.

"절대 우리 삼촌이 그랬다는 뜻은 아니에요. 히히히."

그 말에 삼촌은 얼굴이 빨갛게 달아올랐지요.

주식으로 돈을 불릴 수 있나요?

일요일 아침의 일이에요.

평소라면 삼촌은 한낮이 될 때까지 늦잠을 잤을 거예요. 그런데 삼촌은 평소와 달리 아침 일찍 일어나 무언가를 정리하고 있었지요. 부스스 눈을 뜬 다림이가 삼촌을 보고 물었어요.

"삼촌, 뭐 하는 거야?"

"꿈을 해몽 중이야."

삼촌은 지난밤 꿈에 돌아가신 증조할아버지를 보았다고 했어요. 증조할아버지는 삼촌을 무척이나 예뻐했다고 해요.

"할아버지께서, 그러니까 다림이 너의 증조할아버지께서 나에게 말씀하시기를 '네, 이, 이, 이, 삐익!'이라고 하셨단 말이지. 그런데 끝에 한 말이 잘 안 들려서 무얼 말한 건지 도무지 알 수가 없네."

"삼촌을 꾸짖으신 거야?"

"아니, 절대 그럴 리 없어. 할아버지가 나를 얼마나 예뻐하셨는데! 이건 나에게 뭔가를 알려 주려는 게 틀림없어."

삼촌은 꿈에서 증조할아버지가 무언가를 들고 있었는데 그것이 뭔지 알아내야겠다며 인터넷을 검색했어요. 한참 인터넷을 들여다보던 삼촌이 무릎을 탁 치며 소리쳤지요.

"알아냈어!"

"뭔데?"

"바로 이 검색창을 말씀하신 거야!"

삼촌은 인터넷 상단의 검색 사이트 마크를 가리켰어요.

"이건 네이☆이잖아."

다림이는 눈을 끔뻑거렸어요. 그사이 한참 동안 생각에 잠겼던 삼촌은 무언가를 결심한 듯 말했어요.

"그래, 이건 할아버지가 알려 주신 기회일지도 몰라. 내일 날이 밝으면 바로 이 회사 주식을 사야겠어!"

"주식? 증조할아버지가 주식을 했어?"

다림이는 이해할 수 없다는 표정으로 물었지요.

다림이의 행복한 돈 스터디

아빠, 네이버의 기업 가치가 20조가 넘는다면서요? 뉴스를 보고 놀라서 기절할 뻔했어요.

우리나라의 대표적인 인터넷 전문 기업인 네이버는 회사 설립 20년 만에 20조 넘는 가치를 지닌 회사로 성장했지. 처음 네이버가 코스닥에 처음 상장했을 때 주식을 샀어야 했어! 그때 겨우 1,717원이었던 주식이 지금은 자그마치 36만 원이 넘는단 말이지.

헉, 200배나 뛴 거네요? 그런데 주식이 뭐예요?

음, 회사 하나를 세우려면 돈이 아주 많이 필요하겠지? 그걸 개인이 가진 돈으로만 충당하기는 어려울 테고 그래서 어떤 회사는 사원들이 일정한 비율로 자금을 대어 회사를 만든 후, 출자한 비율만큼 권리와 의무를 나누어 가진단다. 그런 회사를 주식회사라고 하지.

아, '주식회사○○○' 할 때 주식이 바로 그런 뜻이었구나!

그렇지. 주식회사에서 사원들로부터 자금을 출자받을 때 이를 증명하기 위해 회사에서 서류를 발급해 주는데, 이게 바로 '주식'인 거야. 주식은 회사의 자본금인 동시에 책임과 권한을 모두 포함하는 증서라 볼 수 있지.

주식으로 돈을 벌 수 있다고들 하잖아요. 처음 만들어진 주식을 받아서 돈을 버는 건가요?

1288년 발행된 핀란드 스토라 코파르 베르크의 주식

주식을 처음 발행할 때 주식에 적힌 금액을 '액면가'라고 해. 대부분 처음 회사가 만들어질 때 주식을 발행하기 때문에 액면가는 5,000원에서 1만 원 정도로 낮은 편이지. 하지만 회사가 활동을 계속하면서 이익을 내게 되면 회사가 커지고 가치도 올라가.

네이버의 주식이 20년 만에 200배나 된 것처럼요?

 아빠, 그럼 우리도 네이버처럼 크게 성장할 만한 주식이 뭔지 알기만 하면 큰 부자가 될 수 있겠네요?

그게 생각처럼 쉬운 일이 아니란다. 주식 투자를 잘하면 엄청난 부자가 될 수도 있겠지. 하지만 반대로 주식에 잘못 투자하여 재산을 몽땅 날린 사람들도 수두룩해. 주식은 누구나 쉽게 도전할 수 있는 투자 방법의 하나란다. 주식을 사서 산 가격보다 높은 가격에 팔기만 하면 손해를 보지 않아. 회사의 실적이 좋아지면 주식을 가진 사람에게 배당금도 주지. 그런데 정보가 없으면 어떤 주식이 오를 것인지 알아맞히기가 어려워.

그 말을 들으니까 마치 주식이 복권이랑 비슷한 것 같아요.

주식에 제대로 투자하기 위해서는 주식을 사려는 회사에 대해 꼼꼼히 공부해야 해. 주식 시장에서 거래되는 수많은 주식 중 회사의 가치보다 낮은 가격에 거래되는 주식을 골라 내는 안목과 적정한 시점에 팔 수 있는 판단력이 필요하거든.

아빠! 결심했어요! 저는 이제부터 주식 공부를 아주 열심히 할 거예요! 용돈을 조금씩 모아서 주식을 한 주씩 사 모은다면 어른이 되었을 때 부자가 되어 있겠죠?

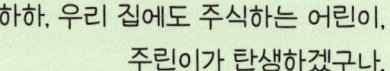

하하, 우리 집에도 주식하는 어린이, 주린이가 탄생하겠구나.

며칠 뒤의 일이에요.

할아버지가 꿈에서 알려 준 주식 종목을 산 삼촌은 조만간 부자가 될 거라는 생각에 들떠 룰루랄라 콧노래를 불렀어요. 하지만 할아버지가 알려 준 주식은 오르지 않았지요.

"으악, 어떡해! 부자가 될 거라는 생각에 미리 옷도 사고 가방도 사고 돈을 펑펑 쓰고 다녔는데!"

결국 삼촌은 다시 가난해지고 말았답니다.

그 모습을 본 다림이는 크게 한숨을 내쉬었지요.

"우리 삼촌은 아무도 못 말린다니까."

다림이는 속상해하는 삼촌의 귀에 대고 속삭였어요.

"증조할아버지께서 하신 말씀이 생각났어. '네, 이, 이, 이, 녀석 쉽게 돈 벌려고 하지 말랬지!'라고."

"어이쿠, 할아버지 꿈이 딱 맞았네."

삼촌은 한숨을 쉬었어요.

펀드 투자는 어떻게 할까요?

"투자자를 구하지 못해 제작이 미뤄졌던 영화 〈귀향〉이 화려하게 잭 팟을 터트렸습니다. 투자 금액은 20억 원이었는데, 영화의 수익이 수백 억 원에 달한답니다."

뉴스에서 위안부 할머니들의 슬픈 사연을 담은 영화 〈귀향〉이 투자 대비 큰 수익을 벌어들였다는 소식이 흘러나왔어요.

다림이는 위안부 할머니들의 이야기가 영화로 만들어져서 참 다행이 라는 생각을 했지요. 그때 소파에 앉아 함께 텔레비전을 보던 삼촌이 후다닥 방으로 뛰어가지 뭐예요.

"삼촌, 왜 그래?"

"결심했어! 나도 영화에 투자해야겠어."

"사, 삼촌이 직접 영화를 만들려는 건 아니겠지?"

다림이의 말에 삼촌은 고개를 가로저었어요.

"영화나 음반 같은 걸 만들려면 돈이 많이 필요하잖아. 그래서 그 돈 을 펀드를 통해 모금한단다."

삼촌은 진흙 속에 숨은 진주를 찾아내듯 좋은 작품에 투자하면 큰 돈을 벌 수 있을 거라고 말했어요.

"삼촌은 어떤 영화에 투자하고 싶은데?"

"난 액션 영화에 투자할 거야. 이소룡도 울고 갈 화려한 액션 영화를 만드는 거지."

"그, 그래."

다림이는 삼촌에게 행운을 빈다고 말했어요.

그로부터 몇 달 뒤 삼촌이 투자한 액션 영화가 개봉한다는 소식을 듣게 되었어요.

"우아, 삼촌! 요즘 그 영화가 엄청 인기래! 그럼 삼촌도 이제 큰 부자가 되는 거야?"

"하아, 그랬으면 얼마나 좋겠니."

다림이의 말에 삼촌이 어깨를 축 늘어트리며 한숨을 내쉬었어요.

다림이의 행복한 돈 스터디

아빠, 요즘은 크라우드 펀드라는 게 대세래요. 친구 중에도 크라우드 펀드에 투자한 애가 있어요. 내 친구도 '고양이 그림 색칠하기 책'이라는 펀드에 투자했다지 뭐예요.

 펀드? 그게 뭔데?

펀드는 영어로 '자금'을 뜻하는 말이지만 보통 여럿이 함께 마련한 자금을 말해. 예를 들어 10개가 한 세트인 색연필이 있어. 그런데 돈이 부족해 색연필 한 세트를 다 살 수 없다면 어떻게 할래?

 아빠한테 사 달라고 하면 되지요.

그래도 되지만, 색연필이 필요한 다른 친구들과 조금씩 돈을 모은다면 쉽게 색연필 세트를 살 수 있겠지? 여럿이 돈을 모아 한 세트를 산다면 한 개씩 사는 것보다 적은 돈을 투자하니까 참여하고 싶어 하는 친구들이 많을 거야. 이런 식으로 영화나 책, 음반, 제품 등을 만들 때 한 사람이 몽땅 투자하는 대신 여러 명의 돈을 모아 운영하는 게 바로 펀드란다.

제가 투자한 돈이 바로 제품의 제작비로 쓰이는 건가요?

그건 아니란다. 펀드로 모인 돈은 다시 주식과 채권에 투자가 되거든. 그런데 주식이나 채권에 투자할 때마다 돈을 댄 사람들에게 일일이 물어보기도 힘들고, 주식이나 채권을 사고파는 과정도 쉽지 않지. 그래서 대부분 은행이나 증권 회사를 중심으로 펀드가 운영되는 거란다.

펀드도 종류가 여러 가지라고 하던데요.

펀드는 무엇을 할 것인지, 참여할 수 있는 사람이 누구인지 등에 따라 여러 가지로 나눌 수 있지. 우선 함께 모은 돈으로 주식이나 채권에 투자했다면 이 펀드는 주식형 펀드, 채권형 펀드, 혼합형 펀드 등으로 나눌 수 있어. 이러한 펀드는 주로 은행이나 증권사가 중심이 되어 운영한단다. 은행이나 증권사에서 모집하는 펀드처럼 누구나 참여할 수 있는 펀드는 '공모 펀드'라 부르지.

그럼 사모펀드는요?

일정 조건이 갖춰진 사람이나 특정 그룹만 참여할 수 있는 펀드는 '사모 펀드'라 불러. 공모 펀드의 경우 펀드를 모을 때 어디에 투자할지 정해진 경우가 많고, 주로 주식이나 채권에 투자하는 경우가 많지. 사모 펀드는 공모 펀드와 비교하면 좀 더 자유롭게 투자가 이루어져. 함께 모인 사람들의 의견만 모이면 무엇에든 투자할 수 있단다.

그런 펀드에 투자하려면 돈이 아주 많이 필요하겠네요?

어? 내 친구는 겨우 1만 원을 투자했다고 했어요. 그리고 투자에 성공한 대가로 책을 받았고요.

그런 건 주로 크라우드 펀드란다. 크라우드 펀드란 크라우드(군중)와 펀드(자금)를 결합한 거야. 목표액과 기간을 정해 두고 불특정 다수의 사람으로부터 자금을 모집하는 거지. 가수의 앨범 제작을 위해 펀드 모금이 진행된 경우, 투자자들에게 수익을 돌려주기보다 가수의 앨범과 브로셔 등을 보내 주는 방식으로 투자금을 갚아 주기도 한단다.

음, 내가 투자한 돈 대신 물건을 받으면 어쩐지 김이 빠질 것 같아. 역시 난 큰돈을 버는 펀드에 투자하고 싶어!

삼촌은 큰돈을 투자하기 두려워서 딱 2만 원을 투자했대요. 투자한 돈이 적으니 수익률도 개미 눈곱만큼 작을 수밖에 없었던 거지요.

"겨우 2만 원을 투자하고 투자자가 되었다고 그렇게 어깨에 힘을 줬던 거야?"

"으악, 이럴 줄 알았으면 내 전 재산을 몽땅 다 투자하는 건데! 최고의 기회를 날리고 말았어!"

삼촌은 영화를 본 사람의 숫자가 늘어나면 늘어날수록 괴로워했어요. 그 모습을 본 다림이는 투자를 할 때는 신중하면서도 가치가 있다고 판단되면 과감하게 해야겠다고 결심했지요.

가상 화폐란 무엇일까요?

다림이의 삼촌은 노트북을 사야겠다며 전자 제품 판매장을 찾아갔어요. 다림이도 삼촌을 따라갔지요.

"와, 이게 최신형 노트북인가 봐요! 정말 성능도 좋고, 무게도 가볍고, 디자인도 멋지네요!"

하지만 가격표를 본 삼촌은 노트북을 슬그머니 내려놓아야만 했어요. 삼촌이 생각한 가격보다 훨씬 비쌌거든요.

"고객님, 요즘 'ㅇㅇ코인'으로 결제가 가능하다는 거 알고 계시죠? 이 제품도 ㅇㅇ코인으로 거래가 가능하답니다."

"그래요?"

"그걸 이용하면 20퍼센트나 할인된 가격으로 매장에 있는 제품들을 구매할 수 있어요."

판매원의 말에 삼촌은 눈을 반짝거렸어요.

"가상 화폐가 뭔데, 삼촌?"

다림이가 불쑥 물었지요.

"돈 대신 쓰는 것이지만 돈은 아니고, 돈처럼 물건을 살 수 있지만 만질 수도 없고, 저금도 할 수 없지만…… 아무튼 좋은 거야."

삼촌은 당장 가상 화폐를 이용해 노트북을 사겠다고 했어요. 그런 다음 삼촌은 어디론가 총총 달려갔어요.

다림이는 노트북을 사기 위해 은행에 맡겨 둔 돈을 찾으러 가는 거라고 생각했지요. 하지만 웬걸요! 삼촌이 간 곳은 컴퓨터 앞이었어요.

"삼촌, 뭐 하는 건데?"

"지갑을 만드는 중이야."

"갑자기 지갑을 만든다고? 컴퓨터로?"

삼촌은 인터넷을 이용해 뭔가를 검색하기 시작했어요. 그러자 모니터에 알파벳과 결합한 여러 가지 숫자가 나타났지요.

"다 됐다."

"이게 지갑이야?"

"어, 인터넷상에서 거래할 수 있는 나의 코인 지갑. 이걸로 노트북을 살 거야."

가상 화폐란?

지폐나 동전과 같은 실물이 없이 네트워크로 연결된 특정한 가상공간(vitual community)에서 전자적 형태로 사용되는 디지털 화폐 또는 전자 화폐를 말해요. 암호 화폐도 가상 화폐의 일종이에요.

다림이의 행복한 돈 스터디

아빠, 요즘 여기저기서 비트코인만 이야기하고 있대요! 그걸 사 둔 사람들이 엄청 큰돈을 벌었다고 하고 돈을 왕창 잃었다고도 해요.

나도 들었다. 매일 뉴스에서 비트코인 가격이 6,000만 원을 돌파했다, 7,000만 원을 돌파했다, 4,000만 원까지 다시 떨어졌다, 뭐 그런 기사가 쏟아지더구나.

비트코인은 눈에 안 보이는 가상 화폐잖아요. 온라인상에서만 거래되는 그 화폐가 그 정도로 값어치가 있는 건가요?

맞아, 비트코인은 온라인에서 쓸 수 있는 가상 화폐를 뜻하지. 게다가 돈은 은행에서 만들어 내는 것이지만 비트코인은 개인이 만들 수 있어. 비트코인을 거래하는 사람들은 모두 발행주가 되는 거지.

나도 비트코인을 만들 수 있는 거예요?

물론이지. 비트코인을 만드는 과정, 벌어들이는 과정을 '마이닝'이라고 하는데 이건 '캐낸다'는 뜻이야. 이건 마치 광산에서 보석을 캐는 것과 같은 거란다.

광부가 광석을 캐내려면 곡괭이 같은 장비가 필요하잖아요. 비트코인은 어떻게 캐요?

우선 성능 좋은 컴퓨터가 필요하단다. 개인이 비트코인을 발행하려면 수학 문제를 풀어야만 하거든. 이 수학 문제는 컴퓨터 몇 대를 동시에 움직여야 풀 수 있을 만큼 어렵지. 컴퓨터가 쉬지 않고 돌아가면서 수학 문제를 풀면 그만큼 많은 비트코인이 쌓이는 거야.

 우아, 그럼 누구든 부자가 될 수 있겠네요?

비트코인은 무한정 캐낼 수 있는 게 아니래. 2,100만 비트코인이 발행되면 더는 비트코인을 발행할 수 없도록 설계되어 있다던데?

맞아. 전 세계의 네티즌들은 수학 문제를 열심히 풀었고 머지않아 비트코인이 바닥날 것이라고 예상하지.

 그런데 비트코인을 실제 돈처럼 쓸 수 있는 건가요?

머잖아 그럴 수도 있지. 비트코인이 발달하자 각 기업들도 가상 화폐에 투자하기 시작했어. 실제로 우리나라의 삼성전자도 가상 화폐 업체에 투자했지. 몇 년 뒤에는 모바일 결제 서비스 '삼성페이'와 가상 화폐를 연동해 이용하게 될 수도 있대.

곧 있으면 옷 가게, 술집, 편의점에서도 가상 화폐를 현금처럼 쓸 수 있게 된대요.

하지만 가상 화폐에 대한 사람들의 관심이 높아지는 만큼 부작용도 만만치 않아. 불법적인 거래가 일어날 수 있으니까. 비트코인의 발행이나 사용 시 개인 정보가 드러나지 않는다는 특성 때문에 범죄에 이용되는 거야. 해커들이 내 코인 지갑을 털어갈 수도 있고.

윽, 사이버상에 만들어 둔 내 지갑이 하루아침에 사라질 수도 있는 거로군요.

삼촌은 가상 화폐를 이용해 노트북을 구매했어요. 그 모습을 본 다림이는 머지않은 미래에는 세뱃돈을 현금으로 주는 대신 코인 지갑에 넣어 주는 날이 올지도 모른다는 생각했어요.

"삼촌, 코인 지갑이 생기면 엄마한테는 더 좋을 것 같아."

"왜?"

"엄마는 늘 깜빡깜빡하고 덜렁거리다가 지갑을 잃어버리잖아. 그런데 코인 지갑은 갖고 다닐 필요가 없잖아."

"오!"

삼촌은 다림이의 말에 엄지를 척 내밀었어요.

마지막 부자 수업

돈과 행복의 관계

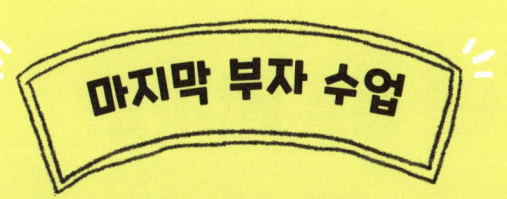

아빠는 왜 돈을 벌까요?

인터넷 서핑을 하던 다림이는 우연히 사진 한 장을 보게 되었어요. 다림이와 비슷한 또래의 외국 여자아이를 찍은 사진이었지요. 그런데 여자아이는 한눈에 보기에도 초라하기 그지없는 옷차림에 부스스한 머리, 비쩍 마른 몸을 하고 있었어요.

"이 사진 속 여자아이가 동생의 치료비를 벌기 위해 하루 열한 시간씩 일을 한 가엾은 누나라고?"

다림이는 사진 아래 쓰인 설명글을 보고 눈이 휘둥그레졌어요.

"나랑 나이가 비슷한데……."

다림이는 가슴 한쪽이 콕콕 쑤셨어요.

여자아이의 이름은 따욱, 다림이보다 고작 세 살이 더 많은 어린이였지요. 따욱은 학교에서 공부를 엄청나게 잘하는 아이였대요. 따욱의 부모님은 열심히 일해서 따욱을 좋은 학교에 보내는 것을 자랑으로 여기고 있었지요.

그러던 어느 날, 따욱의 남동생이 큰 병에 걸리고 말았어요. 급성 백혈병에 걸린 거예요.

따욱은 아픈 동생의 병원비를 마련하려고 학교 수업이 끝나면 그때

부터 새벽까지 공사장에서 벽돌을 날랐대요. 험한 일을 해서인지 따욱의 작은 손은 몹시 거칠어져 있었지요.

"우아, 그렇게 힘든 일을 하고서도 날마다 웃으면서 학교에 갔다고?

다림이는 따욱의 인터뷰를 보고 더욱 놀랐어요.

따욱은 비록 몸은 힘들지만, 동생의 병원비에 보탤 돈을 벌 수 있다는 것만으로도 행복하다며 활짝 웃고 있었거든요.

갑자기 슬퍼졌어요. 사람들이 이른 아침에 일어나서 부지런히 일하는 건 모두 돈 때문이잖아요.

맞아, 우리가 열심히 공부하는 것도 따지고 보면 돈 때문이지.

왜 그런 생각을 하니?

생각해 봐요. 좋은 직업을 가져야 돈을 많이 벌 수 있으니까 열심히 공부하는 거고, 내가 돈을 많이 벌어야 편안하게 살 수 있으니까 열심히 일하는 거죠.

맞아요. 집을 마련하려면 돈이 있어야 하고, 옷을 사려고 해도 돈이 있어야 하고, 밥을 먹으려고 해도 돈이 있어야 하고! 돈, 돈, 돈! 한마디로 우린 돈을 위해 사는 거잖아요.

사는 이유는 사람마다 다르겠지. 그래, 사람은 기본적인 생활을 유지하기 위해 돈이 필요해. 하지만 꼭 그것 때문에 살아가는 건 아니란다. 그러니까 '돈이 곧 사는 목적'이라는 생각은 너무 비약된 거야.

아빠는 왜 돈을 버는데요?

그야 너희들과 행복하기 위해서지. 만약 먹고 살기 위해서만 돈을 번다면 가장 기본적인 데 필요한 돈 말고는 더 벌 필요가 없을 거야. 하지만 너희랑 더 좋은 집에 살고 싶기도 하고, 더 좋은 것을 먹고 싶기도 하니 돈을 버는 거지.

 다른 이유로 돈을 버는 사람도 있어요?

있지. 어떤 사람은 사회 속에 내가 존재한다는 것을 증명하기 위해 돈을 벌어. 돈을 번다는 것은 사회 안에서 직업을 갖고 있으며, 다른 사람과 관계를 맺고 있다는 것을 뜻하기도 하거든.

음, 또 어떤 경우에 돈을 벌어요?

미래를 위해 돈을 벌기도 하지.

 그렇겠네요. 나중에 늙어서 일을 더 이상 하지 못하는 때가 오니까요. 그때 쓸 돈을 미리미리 벌어 두려고 열심히 일하는 사람도 있겠네요.

사람은 나 혼자만의 행복을 위해 돈을 버는 것이 아니라 나와 함께 살아가는 사람들을 위해 돈을 벌어. 아, 어떤 사람들은 가끔 돈 자체를 위해 돈을 벌기도 하지. 그런 사람들은 진정한 행복을 누리지 못해.

 생각해 보니 다른 사람을 돕기 위해 돈을 버는 사람도 있어요. 자신을 위해 쓰는 것보다 남을 위해 돈을 기부하고 지원하는 데서 행복을 느끼는 사람들 말이에요.

 그런 사람들은 돈을 이용해 자신을 가꾸고 치장하는 것보다 남을 위해 일하는 게 더 즐거운가 봐요. 나도 돈이 많으면 그렇게 다른 사람들을 돕고 싶어요.

다림이는 만약 자신이 따욱과 같은 입장이었다면 어떨까 하고 상상해 보았어요. 내가 갖고 싶은 것을 사거나, 더 좋은 생활을 하기 위해 돈을 버는 게 아니라 동생을 위해 돈을 벌어야 한다면 어떨까요?

"나도 따욱처럼 웃으며 일할 수 있을까?"

하지만 생각해 보니 이 세상에는 반드시 '나'를 위해 돈을 쓰는 사람보다 '남'을 위해 힘들게 번 돈을 쓰는 사람이 더 많은 것 같았어요. 엄마도, 아빠도, 할아버지도, 할머니도 모두 다림이를 위해 열심히 일하시고 계시잖아요.

돈이 많으면 정말 행복할까요?

다림이는 길을 가다가 낡은 주전자 하나를 발견했어요. 녹슬고 때가 탄 주전자였지요.

"길가에 누가 이런 걸 버려 놨담."

다림이는 주전자를 쓰레기통으로 가져갔어요. 그때 주전자에서 '펑' 소리가 나더니 뿌연 연기와 함께 무언가 나타났어요.

"나는 램프의 요정 지니다. 100년 동안 주전자에 갇혀 있던 나를 꺼내 줘서 고맙다."

"래, 램프의 요정 지니라고요?"

"그래, 무엇이든 네가 원하는 소원을 하나 들어주마."

다림이는 심장이 두근두근 뛰었어요. 이게 웬 떡이냐 싶었지요.

"음, 제 소원은 엄청 행복해지는 거예요!"

"음, 알겠다."

지니가 고개를 끄덕인 뒤 사라지자 다림이는 속으로 '이제 곧 엄청난 부자가 되겠지?' 하고 생각했어요. 그런데 아무리 시간이 지나도 다림이는 달라진 게 없었어요.

'이상하다, 지니가 슬슬 돈을 가져올 때가 됐는데……'

다림이는 지니를 다시 불렀어요.

"지니, 왜 소원을 들어주지 않는 거예요?"

행복부자

"무슨 소리냐? 나는 네 소원을 들어주었는걸."

"에이, 아닌 거 같은데요? 나는 여전히 가난하잖아요!"

"넌 왜 돈이 많아야 행복해질 수 있다고 생각하느냐? 건강한 부모님, 우애 좋은 형제가 있는 것만으로도 행복이란다."

지니는 이 말을 남기고 다시 '펑' 하고 사라져 버렸어요. 그 순간 다림이는 우연히 읽은 신문 기사가 떠올랐어요.

우리나라의 행복 지수가 전 세계 57위라는 기사였지요. 기사에는 우리나라보다 못 사는 나라인데 행복 지수가 더 높은 나라도 있었어요. 다림이는 행복해지려면 돈이 정말 많아야 하는지 궁금해졌어요.

너희들은 행복의 조건이 무엇이라고 생각하니?

그야 돈이죠. 돈이 많으면 하고 싶은 일을
다 할 수 있으니까 행복하지 않을까요?

맞아요. 좋은 집, 좋은 차, 좋은 음식을 먹을 수 있고
취미 생활도 마음껏 즐길 수 있으니까 행복하겠죠.

그럼 행복한 사람들이 가장 많은 나라는
GDP가 가장 높은 나라겠네.

GDP가 뭔데요?

GDP는 한 나라에서 1년 동안 만들어 낸 모든 돈을
합친 거야. 한 나라에서 벌어들이는 돈의 총액을 의미해.
2017년 세계에서 가장 많은 돈을 번 나라는 미국이었어.
중국, 일본, 독일, 영국 순서로 GDP가 높았지.

그럼 미국 사람들이 세상에서 가장 행복하겠네요!

아니야. 미국의 행복 지수는 18위, 중국은 86위,
일본은 54위란다. 세계에서 행복 지수가 가장 높은 나라는
핀란드야. 핀란드의 2017년 GDP는 세계 43위지.

행복 지수 2~5위 국가인 노르웨이, 덴마크, 아이슬란드, 스위스 역시 GDP가 세계 10위 밖이야.

돈이 많은 나라 사람들이 생각보다 행복하지 않다니! 이게 어떻게 된 거지?

돈이랑 행복이 별 관계가 없다는 뜻인가요?

맞아. 결론은 돈이 많다고 무조건 행복을 느끼지는 않는다는 거란다.

하지만 돈이 없으면 불행을 느끼는 사람이 많은 것은 사실이잖아요.

그런 경우도 있긴 해. 행복의 이유는 여러 가지가 있지만, 살아가기에 부족하지 않을 만큼의 돈이 있어야 행복감을 느낄 수 있으니까. 우리가 돈을 버는 이유 중 하나는 행복을 위해서란다. 먹고 싶은 것을 사 먹고, 원하는 것을 사고, 하고 싶은 것을 누리게 함으로써 행복을 느낀다고 생각해. 하지만 돈으로 행복까지 살 수는 없어.

돈이 있어야 행복한 건 사실이지만 돈이 많다고 행복한 건 아니라니, 어쩐지 어려워요.

그날 저녁, 다림이는 식탁에 앉아 골똘히 생각에 잠겼어요. 그런데 엄마가 보글보글 끓는 찌개를 내려놓으며 말했지요.

"우리 아들딸, 오늘은 뭐 하고 지냈어?"

아빠도 다림이와 누나를 바라보며 싱긋 웃음을 지었어요. 그사이 누나는 배고픔을 참지 못하고 젓가락질을 시작했지요. 그 모습을 본 엄마, 아빠는 웃음을 터트렸답니다.

"다연아, 그렇게 배고팠어?"

"네. 오늘 친구들하고 너무 신나게 놀았더니 허기가 져요."

누나가 볼을 빵빵하게 부풀린 채로 말했어요. 그러면서도 젓가락이 쉬지를 않았지요.

"그래. 이 맛에 우리가 열심히 일을 하는 거지."

아빠가 너털웃음을 터트리며 말했어요.

'하긴, 이런 행복한 밥상은 돈으로도 살 수 없는 거니까. 램프의 요정 말이 맞았어. 돈이 많다고 꼭 행복한 건 아니야.'

다림이는 이런 생각을 하며 빙그레 미소를 지었어요.